DEVOCIONAL QUARTO DE GUERRA

Vencendo os Desafios da Vida com Oração

DEVOCIONAL QUARTO DE GUERRA

Vencendo os Desafios da Vida com Oração

Direção Geral
Adriel Ribeiro Penkal

Coordenador Editorial
Cristiano Braz Jorgini

Giovanna Felipe

Coordenador de Diagramação
Rebeca Massaro de Lima

Assistente Editorial
Isabelle S. Alves

Projeto Gráfico
Hendrick Machado

Diagramação
Hendrick Machado

Capa
Hendrick Machado

ISBN: 978-65-277-0148-4

R. Antônio Sabino, 203 - Parque Industrial - Ibiporã - PR
www.livrariasfamiliacrista.com.br

Sumário

Introdução

Devocional quarto de guerra é um convite singular para um encontro com Deus na quietude do seu coração. Este livro não é apenas uma coleção de palavras, mas um verdadeiro companheiro para aqueles momentos em que precisamos nos recolher, abrir a alma e buscar, em Deus, a paz que o mundo não pode oferecer. Em meio às lutas diárias, muitas vezes nos esquecemos de que há um lugar onde podemos encontrar consolo, sabedoria e força: o nosso espaço de oração, onde Deus, como um Pai amoroso, nos aguarda com braços abertos.

Cada devocional foi pensado para conduzir você a uma experiência mais profunda e autêntica com o Senhor, transformando cada momento a sós em um encontro poderoso e transformador. As "orações de guerra" que acompanham cada reflexão foram escritas com a intenção de guiá-lo em orações que expressam não apenas palavras, mas a essência de um coração que se derrama diante do Pai. São orações que clamam por cura, buscam paz, pedem sabedoria e, sobretudo, reconhecem a soberania de Deus sobre todas as situações da vida.

Enquanto você se aventura por estas páginas, permita-se ser guiado pela presença do Espírito Santo. Que este livro seja um amigo silencioso, que lhe acompanhe nos momentos de alegria e, sobretudo, naqueles momentos em que as lágrimas silenciosas se tornam orações. Que, ao adentrar seu "quarto de guerra", você se encontre envolvido pelo amor do Pai, que lhe sussurra ao coração:

"Eu estou contigo, e nunca o deixarei."

Que cada devocional seja um passo a mais para que você experimente o privilégio e a profundidade de uma vida de oração que transforma, renova e fortalece.

1

O PODER DA ORAÇÃO PERSISTENTE

Orem continuamente.
1 Tessalonicenses 5:17

Orar incessantemente é uma das mais sublimes instruções que o apóstolo Paulo nos oferece. Ele nos chama a uma vida de oração contínua, não como uma obrigação árdua, mas como um convite amoroso para estarmos em constante comunhão com Deus. Orar sem cessar é viver na presença dele, é permitir que cada pensamento, palavra e ação sejam permeados pela graça divina. Quando nos dedicamos a essa prática, nos aproximamos mais de Deus, e, nessa proximidade, encontramos nossa verdadeira força.

Imagine caminhar ao lado do Todo-Poderoso em cada momento do seu dia. A oração contínua nos mantém precisamente nessa posição: ao lado de Deus, em uma parceria que nos fortalece e nos protege. E, afinal, quem ousaria atacar alguém que caminha em companhia do Criador do universo? Estar em oração constante não apenas nos mantém em contato com o Céu, mas nos reveste com a presença e o poder do próprio Deus.

Essa proximidade, como um amigo íntimo ao seu lado, transforma nossa vida. As batalhas que enfrentamos tornam-se oportunidades de ver Deus agir. Nossos fardos, que antes pareciam insuportáveis, são divididos com Aquele que tem força infinita. A oração contínua é como uma conversa interminável, um fluxo de amor e confiança entre nós e nosso Pai celestial. Quando estamos nesse lugar de intimidade com Deus, sentimos que nada pode nos separar de seu cuidado.

Oração para guerrear

Senhor todo-poderoso, Deus eterno e fiel, eu me coloco diante de ti, com o coração rendido e consciente de que tu és o meu refúgio, minha força e meu escudo. Ensina-me, ó Pai, a caminhar ao teu lado em todos os momentos, a viver em constante comunhão Contigo, em oração contínua, sabendo que em tua presença encontro proteção, direção e poder para vencer todas as batalhas que se levantam contra mim.

Eu clamo, Senhor, para que me fortaleças nesta jornada de oração incessante. Que cada pensamento, cada palavra e cada ação minha sejam um reflexo de tua presença em minha vida. Guarda-me de todo desânimo, de toda distração e de tudo aquilo que tenta me afastar de ti. Que a minha alma esteja sempre atenta à tua voz e que meu espírito esteja sempre em sintonia com o teu Espírito Santo.

Reveste-me com a tua armadura, ó Deus, para que eu possa resistir a todo ataque do inimigo. Declaro, em nome de Jesus, que não caminharei sozinho. O Senhor, o todo-poderoso, é meu companheiro fiel, e em ti eu confio. Que nenhum dardo inflamado do maligno prevaleça contra mim, pois a tua mão está sobre mim.

Senhor, faz-me forte e corajoso, lembrando que aquele que caminha Contigo não precisa temer o mal. Eu te agradeço, ó Pai, por tua presença constante, por ser meu escudo e por me dar a vitória em cada batalha.

Em nome de Jesus, amém!

2

Vencendo a batalha na oração

Não é por espada ou por lança que o Senhor concede vitória; pois a batalha é do Senhor.
1 Samuel 17:47

O versículo de 1 Samuel 17:47 está inserido na emocionante história de Davi e Golias, uma das passagens mais conhecidas da Bíblia. Neste momento decisivo, Davi declara:

"Todos os que estão aqui saberão que não é por espada ou por lança que o Senhor concede vitória; pois a batalha é do Senhor, e ele entregará todos vocês em nossas mãos."

Davi, ainda jovem e sem a experiência de um guerreiro, enfrentava um inimigo muito mais forte, mas ele tinha algo que Golias não tinha: confiança absoluta em Deus. Para ele, a vitória não dependia de armas ou força, mas do poder de Deus que estava ao seu lado.

Esse episódio nos ensina uma lição valiosa: as batalhas que enfrentamos na vida, muitas vezes gigantescas aos nossos olhos, não precisam ser vencidas pela nossa própria força. Davi sabia que, embora tudo parecesse impossível, a vitória viria de Deus, e essa confiança foi o que o levou à frente. Da mesma forma, nas lutas que travamos todos os dias — sejam elas problemas no trabalho, dificuldades financeiras, desafios familiares ou emocionais — é fácil sentir que estamos sozinhos ou sem recursos suficientes. Mas Deus nos lembra, através da história de Davi, que ele está no controle, e a batalha pertence a ele.

Quando entregamos nossas lutas nas mãos de Deus, experimentamos uma paz e uma confiança que nos fortalecem. Assim como Davi, podemos ter coragem de enfrentar nossos gigantes sabendo que Deus luta por nós. A verdadeira vitória não vem da nossa capacidade, mas do poder e da graça de Deus em nossas vidas.

Oração para guerrear

Senhor Deus, em nome de Jesus, eu me coloco diante de ti, reconhecendo que a batalha não é minha, mas tua. Assim como Davi confiou em ti para derrotar Golias, eu entrego a ti as lutas que estou enfrentando neste momento. Sei que, por mais que as dificuldades pareçam grandes e insuperáveis, tu és maior do que qualquer gigante que se levanta contra mim. Confio no teu poder e na tua soberania sobre todas as coisas.

Pai, fortalece a minha fé para que eu não confie nas minhas próprias forças, mas na tua. Reveste-me com a tua armadura espiritual e dá-me coragem para enfrentar cada desafio, sabendo que tu és o meu escudo e a minha fortaleza. Eu declaro que nenhuma arma forjada contra mim prosperará, porque tu lutas por mim.

Ensina-me, Senhor, a descansar em ti e a entregar cada situação nas tuas mãos, sabendo que a vitória já foi garantida por ti. Que a tua paz, que excede todo entendimento, guarde o meu coração enquanto confio no teu agir. Em meio à batalha, eu te louvo e exalto, pois sei que a vitória virá de ti.

Em nome de Jesus, amém!

3

Intimidade com Deus no lugar secreto

Mas quando você orar, vá para seu quarto, feche a porta e ore a seu Pai, que está em secreto. Então seu Pai, que vê em secreto, o recompensará.
Mateus 6:6

Em Mateus 6:6, Jesus nos ensina sobre a importância da oração íntima e sincera. Ele destaca que, ao orar, devemos nos retirar para um lugar privado — o nosso "quarto" — e fechar a porta, a fim de buscar a Deus em segredo. A essência desta instrução está na autenticidade da nossa comunhão com Deus, livre de distrações e do desejo de reconhecimento humano. Jesus condena a ostentação religiosa e valoriza o encontro genuíno com o Pai, aquele que "vê em secreto" e recompensa publicamente.

Este "quarto" não se refere apenas a um espaço físico, mas simboliza o lugar onde nossa alma encontra descanso e conexão com o Pai. Aqui, somos desafiados a manter um relacionamento pessoal com Deus, no qual expomos nossa vida, nossas angústias e louvores de maneira íntima e verdadeira. O silêncio exterior amplifica a voz do Espírito em nosso interior. Como afirmou João Calvino:

"A verdadeira oração não é medida por sua quantidade, mas pela qualidade da fé."

O quarto de guerra representa o lugar de batalha espiritual, onde nos fortalecemos diante das adversidades. Quando entramos nesse lugar secreto, fechamos as portas do orgulho, da distração e da preocupação com a opinião alheia.

A oração em secreto é o combustível da vitória pública.

No silêncio da oração, encontramos a força necessária para enfrentar os desafios da vida. Que nossa oração seja um ato de confiança em um Deus que nos vê, nos ouve e age em favor de seus filhos.

Oração para guerrear

Pai celestial, eu entro agora em teu quarto de guerra, fechando as portas de toda distração e orgulho. Aqui, no lugar secreto, clamo por tua presença, entregando a ti todas as minhas batalhas e desafios. Desfaça, Senhor, toda armadilha que o inimigo preparou contra mim; destrói os laços da mentira, do medo e da dúvida que tentam aprisionar a minha mente. Que cada palavra dita aqui ecoe nos céus como uma declaração de fé e confiança em teu poder.

Enche-me com tua força, Pai, e reveste-me com tua armadura, para que eu possa resistir no dia mau. Que o teu Espírito me guie, quebrando toda barreira e lançando por terra as fortalezas que se erguem contra o teu propósito em minha vida. Declaro, em nome de Jesus, que toda corrente que me prende é quebrada e que sou livre em tua presença.

Eu confio em ti; confio que vês em secreto e ages com poder. Que minha oração seja o instrumento de guerra que abre portas de vitória e fecha as do inimigo. Que a tua luz brilhe em meio à escuridão, e que tua paz governe meu coração.

Em nome de Jesus, amém!

4

Poder para testemunhar

Mas receberão poder quando o Espírito Santo descer sobre vocês, e serão minhas testemunhas.
Atos 1:8

A promessa em Atos 1:8 nos lembra de que não estamos sozinhos em nossa caminhada de fé. Quando Jesus disse aos discípulos que receberiam poder ao descer sobre eles o Espírito Santo, ele estava garantindo que seriam capacitados para uma missão muito maior do que poderiam imaginar. Este poder não é uma força qualquer, mas a presença viva de Deus que habita em nós, fortalecendo-nos e guiando-nos em cada passo.

Há momentos em que sentimos que nossas forças estão esgotadas, quando o fardo da vida se torna pesado demais e a esperança parece distante. Mas é justamente nesses instantes que o Espírito Santo nos renova e nos faz lembrar que somos testemunhas do amor, da graça e do poder transformador de Deus. Não precisamos enfrentar os desafios sozinhos; o Espírito é nosso consolo, nossa força e nossa luz.

QUANDO O ESPÍRITO HABITA EM NÓS, NOSSAS FRAQUEZAS TORNAM-SE O PALCO DA FORÇA DIVINA.

Ser testemunha é mais do que simplesmente falar sobre Deus; é viver de maneira que a presença dele seja evidente em nossas ações, palavras e atitudes. O Espírito Santo nos concede a coragem para falar a verdade, a compaixão para amar o próximo e a sabedoria para discernir o caminho certo. Permita que o poder do Espírito guie sua vida hoje, e você verá como Ele transformará seus medos em fé e suas limitações em oportunidades para glorificar a Deus.

Oração para guerrear

Senhor Deus todo-poderoso, em nome de Jesus, eu me coloco em tua presença com ousadia e confiança, sabendo que o teu Espírito Santo habita em mim. Revestido do teu poder, eu me levanto em guerra contra toda força que tenta se levantar contra o teu propósito em minha vida. Pai, eu clamo pelo teu Espírito Santo, que é a fonte de toda força, sabedoria e coragem. Capacita-me a ser uma testemunha fiel do teu amor e da tua graça, mesmo diante das adversidades e das batalhas que surgem ao meu redor.

Eu declaro que, assim como está escrito em Atos 1:8, recebo o poder do Espírito Santo sobre mim, e, por isso, toda fraqueza, medo e dúvida são lançados fora. Que a tua luz brilhe em mim, e que as trevas não tenham espaço na minha mente, no meu coração e nas minhas palavras. Renova-me, Senhor, para que eu possa enfrentar os desafios com a certeza de que a vitória já foi conquistada por ti na cruz.

Guia meus passos, conceda-me sabedoria e faz-me instrumento da tua paz e verdade. Que a tua glória seja manifesta em minha vida, e, por meio de mim, o teu nome seja exaltado.

Em nome de Jesus, amém!

5

AS ARMAS DA NOSSA BATALHA

As armas com as quais lutamos não são humanas; ao contrário, são poderosas em Deus para destruir fortalezas.
2 Coríntios 10:4

No cenário de uma batalha, a primeira coisa que nos vem à mente são armas físicas, espadas afiadas, escudos resistentes e forças visíveis que se enfrentam. Mas o apóstolo Paulo nos lembra em 2 Coríntios 10:4 que as armas que usamos em nossa vida de fé não são carnais. Elas não pertencem a este mundo visível, não são limitadas pelo poder humano ou pelas circunstâncias que nos cercam. Pelo contrário, são armas poderosas em Deus, capazes de destruir fortalezas, aquelas estruturas que se erguem contra o conhecimento de Deus em nossas vidas.

Muitas vezes, nos encontramos diante de situações que parecem impossíveis de superar, pensamentos que nos aprisionam, medos que nos paralisam ou dúvidas que nos impedem de avançar. É nesses momentos que precisamos lembrar que não lutamos sozinhos. Nossas armas são a fé, a oração, a Palavra de Deus e a confiança no poder do Espírito Santo. Ao utilizar essas armas, estamos reconhecendo que a verdadeira força não vem de nós, mas daquele que é Todo-Poderoso.

A ORAÇÃO É A ARMA INVISÍVEL QUE TORNA VISÍVEL O IMPOSSÍVEL.

No quarto de guerra da nossa vida, onde buscamos a Deus em oração e intercessão, encontramos a estratégia e o poder necessários para derrubar as fortalezas que se levantam contra nós. Que possamos hoje, mais do que nunca, confiar nas armas espirituais que o Senhor nos deu e lembrar que, em Deus, somos mais que vencedores.

Quais são as fortalezas que têm se levantado em sua vida? Leve-as ao Senhor em oração e confie no poder das armas que ele lhe deu para vencê-las.

Oração para guerrear

Senhor Deus, entro agora em tua presença, reconhecendo que a batalha não é minha, mas tua. Coloco diante de ti todas as fortalezas que se levantam contra mim: medos, dúvidas, ansiedades e pensamentos que me prendem. Sei que minhas armas não são carnais, mas espirituais e poderosas em ti, e, por isso, invoco a força do teu Espírito Santo.

Pai, quebra toda fortaleza que se ergue em minha mente, todo pensamento que tenta se exaltar contra o conhecimento da tua verdade. Eu clamo por tua Palavra como espada afiada, que corta e destrói toda mentira do inimigo. Que a fé seja meu escudo, que apague todos os dardos inflamados do maligno.

Ensina-me a usar as armas da oração, da intercessão e da tua Palavra com autoridade e confiança. Que, em meu quarto de guerra, eu encontre as estratégias celestiais para vencer, sabendo que sou mais que vencedor em Cristo. Em nome de Jesus, declaro que toda fortaleza está sendo derrubada agora, e que a tua verdade prevalece.

Em nome de Jesus, amém!

6

Coragem que vem de Deus

Pois Deus não nos deu espírito de covardia, mas de poder, de amor e de equilíbrio.
2 Timóteo 1:7

O apóstolo Paulo, ao escrever para seu jovem discípulo Timóteo, lembrou-lhe de uma verdade essencial:

"Deus não nos deu o espírito de covardia."
(2 Timóteo 1:7)

Essa declaração não era apenas uma palavra de encorajamento para Timóteo, mas uma lembrança eterna para todos nós que enfrentamos momentos de medo e insegurança.

A covardia nos paralisa, nos impede de avançar e de viver plenamente os propósitos de Deus para nossas vidas. Ela é a voz que sussurra que não somos capazes, que devemos recuar, que não temos o que é necessário para superar os desafios. Mas Deus, em sua infinita graça, não nos deu um espírito de medo. Ao contrário, ele nos equipou com um espírito de poder, que nos fortalece; de amor, que nos motiva; e de moderação, que nos equilibra.

A CORAGEM NÃO É A AUSÊNCIA DO MEDO,
MAS A PRESENÇA DO PODER DE DEUS EM NÓS.

Somos chamados a viver com ousadia, confiando na força que vem do Senhor, que nos capacita a amar mesmo diante da rejeição, a servir mesmo diante das dificuldades e a perseverar mesmo quando tudo parece desabar. Quando nos lembramos de quem somos em Cristo, a covardia perde sua influência e nos tornamos corajosos, prontos para enfrentar os desafios com a convicção de que Deus está conosco.

Oração para guerrear

Senhor Deus, eu me apresento diante de ti, reconhecendo que, muitas vezes, o medo tenta tomar conta do meu coração. Mas hoje eu declaro que não fui chamado para viver em covardia, pois tu me deste um espírito de poder, amor e moderação.

Pai, fortalece-me com a tua coragem para enfrentar os desafios que se levantam contra mim. Que o teu amor encha meu coração, expulsando todo medo e insegurança. Dá-me a ousadia de confiar em ti em cada passo que dou, sabendo que és o meu refúgio e fortaleza.

Ensina-me, Senhor, a usar a moderação em minhas decisões, para que, mesmo em meio às tempestades, eu possa permanecer firme, equilibrado e cheio da tua paz. Que eu não seja movido pelas circunstâncias, mas pelo teu poder que opera em mim.

Com plena confiança no Senhor, rejeito toda voz de covardia que tenta me paralisar e declaro que minha coragem vem de ti. Que eu possa viver, Pai, com a certeza de que estás ao meu lado, guiando-me e fortalecendo-me em cada batalha.

Em nome de Jesus, amém!

7

Oração como refúgio na tempestade

O Senhor é bom, uma fortaleza no dia da angústia; e conhece os que confiam nele.
Naum 1:7

A vida, inevitavelmente, traz tempestades. Elas vêm sem aviso, trazendo consigo dor, incerteza e momentos de profunda angústia. Nesses tempos, é fácil sentir-se perdido, à deriva em meio às ondas turbulentas das dificuldades. No entanto, Naum 1:7 nos oferece uma promessa preciosa:

"O Senhor é bom, uma fortaleza no dia da angústia."

Essa passagem é um lembrete reconfortante de que não estamos sozinhos em nossas tempestades. Deus é a nossa fortaleza, a rocha inabalável em que podemos nos refugiar. E a maneira como acessamos essa segurança é através da oração. Quando nos voltamos a Deus, derramando nossos medos, dores e anseios, estamos correndo para essa fortaleza, encontrando segurança e consolo na presença d'Aquele que nunca nos abandona.

A ORAÇÃO É O ABRIGO SEGURO QUE ENCONTRAMOS QUANDO O MUNDO AO NOSSO REDOR DESMORONA.

Naum enfatiza que Deus "conhece os que confiam nele". Isso significa que, mesmo quando nossas palavras falham e nossa fé parece pequena, Deus vê e compreende. Ele conhece cada lágrima que derramamos e cada suspiro de desespero que damos. A oração não é apenas sobre pedir um escape da tempestade; é sobre encontrar repouso no fato de que Deus está conosco em meio a ela, firme e inabalável.

Quando a tempestade parece não ter fim, não permita que o desespero tome conta. Busque refúgio em Deus por meio da oração. Permita que Ele seja a fortaleza que o sustenta e a paz que o acalma. Lembre-se: por mais feroz que seja a tempestade, o Senhor conhece você e permanecerá ao seu lado até que ela passe.

Oração para guerrear

Senhor, em meio às tempestades da vida, eu me volto a ti como meu refúgio e fortaleza. Sei que és bom e que, mesmo nos dias de angústia, estás ao meu lado, segurando-me com tua mão poderosa. Pai, quando as ondas do desespero ameaçam me afogar, ajuda-me a lembrar que tu és a rocha inabalável onde posso encontrar segurança.

Eu entrego a ti todas as minhas preocupações, dores e medos, crendo que conheces cada um deles. Que a tua presença seja o abrigo onde encontro descanso e força para enfrentar cada desafio. Mesmo quando minhas palavras falham e minha fé parece pequena, sei que me ouves e me compreendes.

Senhor, renova minha esperança e acalma a tempestade que há dentro de mim. Que, em meio ao caos, eu sinta a paz que só o teu amor pode proporcionar. Declaro que não estou sozinho, pois tu, meu Deus, és a minha fortaleza. Em ti confio e encontro refúgio.

Em nome de Jesus, amém.

8

Intercedendo pelos outros

Antes de tudo, recomendo que se façam súplicas, orações, intercessões e ações de graças por todos os homens.
1 Timóteo 2:1

A intercessão é um ato de amor, um gesto de profunda compaixão que nos permite ser participantes do plano de Deus para a vida daqueles ao nosso redor. Quando nos colocamos diante do Senhor em favor de outros, estamos exercendo uma das formas mais puras de oração, reconhecendo que o poder de Deus pode tocar, curar e transformar vidas. O apóstolo Paulo incentivou Timóteo a fazer intercessões por todos os homens, o que nos desafia a expandir nossas orações além de nossas próprias necessidades, levando as dores, sonhos e desafios dos outros diante do trono de Deus.

Jesus, nosso maior exemplo, nos mostrou o caminho da intercessão. Ele orou por seus discípulos, e, mesmo hoje, ele continua a interceder por nós diante do Pai (Romanos 8:34). Sua intercessão é uma expressão de amor eterno, e quando seguimos seu exemplo, também expressamos amor e cuidado pelos outros.

> "INTERCEDER É AMAR COMO CRISTO AMOU: É CARREGAR EM ORAÇÃO O PESO DAS DORES QUE NÃO SÃO NOSSAS."

Ao orarmos pelos outros, somos instrumentos de Deus para trazer cura, libertação e transformação. Não se trata apenas de palavras, mas de um ato de fé que acredita que Deus pode e vai agir. A intercessão é um ato poderoso que abre portas e desfaz cadeias.

Oração para guerrear

Senhor Deus, coloco-me diante de ti agora em intercessão, lembrando-me do exemplo de amor que Jesus nos deu. Peço por aqueles que estão enfrentando desafios, dores e batalhas que parecem impossíveis de superar. Pai, toca cada vida, trazendo cura, libertação e consolo. Que o teu poder alcance aqueles que precisam de um milagre, e que a tua presença os envolva em momentos de angústia.

Eu oro por cada coração ferido, cada mente atormentada e cada alma que busca a paz. Que tu sejas o alívio, a esperança e a resposta para aqueles que necessitam de ti. Senhor, usa-me como um canal da tua graça, para que, através da minha intercessão, vidas sejam transformadas e restauradas.

Que o teu amor, Pai, alcance os perdidos, os aflitos e os que se sentem sozinhos. Em nome de Jesus, declaro que cadeias serão quebradas, que portas serão abertas e que a tua vontade será feita na vida de cada um. Obrigado por me permitir ser parte do teu plano, orando e intercedendo por aqueles que amo.

Em nome de Jesus, amém.

9

ORANDO COM FÉ

"Se podes?", disse Jesus. "Tudo é possível àquele que crê".
Marcos 9:23

Em um mundo cheio de incertezas, a fé se torna a âncora que nos mantém firmes, mesmo nas tempestades mais avassaladoras. Jesus, em Marcos 9:23, nos lembra de um princípio eterno:

"Tudo é possível àquele que crê."

Essa não é apenas uma frase bonita; é uma verdade poderosa que tem o potencial de transformar a maneira como vemos nossos desafios e obstáculos. A fé não é apenas acreditar na possibilidade, mas é confiar em um Deus que faz o impossível tornar-se realidade.

Quantas vezes, diante das dificuldades, nos sentimos impotentes e sem saída? Nesses momentos, é fácil deixar a dúvida falar mais alto e esquecer que o mesmo Deus que abriu o Mar Vermelho e ressuscitou Lázaro é o mesmo que habita em nós hoje. Quando acreditamos verdadeiramente, somos capazes de enxergar além do que os olhos físicos veem e acessar a realidade sobrenatural que Deus tem preparado.

"A FÉ É A PONTE QUE NOS LEVA DO IMPOSSÍVEL AO MILAGRE."

Que possamos, diariamente, fortalecer nossa fé através da oração, da leitura da Palavra e da comunhão com o Senhor. Porque quando cremos, o impossível deixa de ser um limite e passa a ser uma oportunidade para Deus manifestar o seu poder em nossas vidas.

Oração para guerrear

Senhor, eu me aproximo de ti com o coração cheio de fé, sabendo que para ti nada é impossível. Em meio aos desafios e às incertezas que enfrento, escolho crer no teu poder, na tua fidelidade e na tua promessa de que tudo é possível àquele que crê.

Pai, aumenta minha fé para que eu possa enxergar além das circunstâncias e confiar plenamente em teus propósitos. Que eu não seja abalado pelas dificuldades, mas que a minha confiança em ti seja a ponte que me leva a experimentar o teu milagre.

Ensina-me a depender de ti em todos os momentos, fortalecendo-me na tua Palavra e na tua presença. Que o medo, a dúvida e a incredulidade não tenham lugar em minha vida, mas que eu possa caminhar com a certeza de que o Senhor é o Deus que faz o impossível acontecer.

Com toda minha fé, declaro que a minha fé é inabalável e que, em ti, todas as coisas são possíveis.

Em nome de Jesus, amém.

10

A vontade perfeita de Deus

Venha o teu Reino; seja feita a tua vontade, assim na terra como no céu.
Mateus 6:10

Quando falamos sobre a vontade de Deus, muitas vezes pensamos em abrir mão de nossos próprios desejos e planos. Mas a verdadeira essência dessa oração é um chamado para confiarmos que a vontade do Pai é sempre melhor, mesmo quando não entendemos o caminho.

No céu, a vontade de Deus é perfeita, incontestável e imediata. Tudo obedece à sua voz. Mas aqui na terra, enfrentamos desafios, resistências e incertezas que muitas vezes nos fazem duvidar ou tentar impor a nossa própria vontade. Jesus nos ensinou que o maior ato de fé não é apenas pedir, mas submeter-se. É um ato de coragem e humildade dizer: "Senhor, não o que eu quero, mas o que tu queres".

> "RENDIÇÃO É A CHAVE QUE ABRE AS PORTAS DO CÉU EM NOSSAS VIDAS."

Quando entregamos nossos sonhos, dores e dúvidas ao Senhor, estamos reconhecendo que ele sabe o que é melhor para nós. Ele é o Pai amoroso que deseja o nosso bem, mesmo quando o caminho é difícil. Ao orarmos "seja feita a tua vontade", declaramos que confiamos em Deus para nos conduzir em cada detalhe, em cada decisão.

Há algo em sua vida que você tem relutado em entregar ao Senhor? Confie que a vontade de Deus é boa, perfeita e agradável. Permita que ele guie seus passos, assim como faz no céu.

Oração para guerrear

Pai amado, eu venho diante de ti em total rendição, entregando os meus desejos, planos e sonhos. Que a tua vontade seja feita em minha vida, assim na terra como é feita no céu. Concede-me a coragem de abrir mão do controle, reconhecendo que o teu caminho é sempre melhor, mesmo quando não consigo ver a direção.

Eu confio que o Senhor conhece o meu coração e sabe o que é melhor para mim. Que tuas mãos guiem meus passos, que tua sabedoria ilumine minhas decisões e que o teu amor preencha cada espaço da minha vida. Eu rejeito toda ansiedade e resistência, declarando que a tua vontade é perfeita, boa e agradável.

Senhor, fortalece-me para que, em momentos de dúvida, eu me lembre de que tu és o Deus que vê além do que eu posso enxergar. Submeto-me ao teu querer, pois sei que os teus planos são maiores e mais elevados do que os meus. Que a minha vida seja um reflexo da tua vontade perfeita, para que o teu nome seja glorificado em tudo.

Em nome de Jesus, amém.

11

Fazendo um jejum transformador

Mas esta espécie só sai pela oração e pelo jejum.
Mateus 17:21

Essas palavras de Jesus nos revelam algo profundo sobre o jejum e a oração: há batalhas em nossa vida que só podem ser vencidas quando nos rendemos completamente a Deus, e o jejum é uma poderosa ferramenta espiritual para esse processo.

O jejum não é apenas a renúncia de alimentos; é um ato de consagração, uma forma de dizer a Deus que ele é mais importante do que nossas necessidades físicas. Ao jejuar, estamos declarando que a nossa fome por Deus é maior do que a nossa fome por qualquer outra coisa. O jejum coloca nosso coração em sintonia com o Senhor, nos tornando mais sensíveis à sua voz e à sua direção.

Na prática, o jejum serve para nos lembrar que a nossa verdadeira fonte de força e poder não é o que temos, mas Deus, e tudo o que ele tem e é. Ele nos ajuda a romper barreiras espirituais, fortalece nossa fé e nos dá clareza para enfrentar desafios que parecem impossíveis. O jejum nos ensina a depender de Deus em todas as coisas e nos leva a uma intimidade mais profunda com ele.

"O jejum é a chave que silencia o barulho do mundo para que possamos ouvir a voz de Deus."

Se você está enfrentando uma situação que parece insuperável, uma batalha espiritual ou uma decisão importante, experimente o poder do jejum. Use este momento para buscar a Deus com todo o seu coração. Ao jejuar, ore com intensidade, medite na Palavra, e você verá como Deus começará a mover montanhas e trazer respostas que pareciam distantes.

Oração para guerrear

Pai amado, eu venho diante de ti em humildade e rendição, reconhecendo que há batalhas em minha vida que só podem ser vencidas através do jejum e da oração. Coloco-me em tuas mãos, desejando que minha fome por tua presença seja maior do que qualquer necessidade física ou desejo terreno.

Conduze-me, Senhor, neste tempo de jejum transformador. Que cada momento de renúncia se transforme em um passo mais perto de ti, e que eu possa ouvir claramente a tua voz e sentir a tua direção. Eu te peço que fortaleças a minha fé e rompas todas as barreiras espirituais que têm se levantado contra mim.

Que o jejum silencie o barulho do mundo, para que eu possa mergulhar mais profundamente em tua Palavra e encontrar a força que vem de ti. Dá-me clareza, coragem e discernimento para enfrentar os desafios que parecem impossíveis, e manifesta o teu poder em minha vida. Eu confio que, ao buscar-te com todo o meu coração, verei montanhas sendo movidas e respostas sendo reveladas.

Em nome de Jesus, amém.

12

Gratidão em meio à adversidade

Dêem graças em todas as circunstâncias,
pois esta é a vontade de Deus para vocês
em Cristo Jesus.
1 Tessalonicenses 5:18

Este versículo nos ensina um princípio necessário e desafiador: a gratidão em *todas* as circunstâncias. Contudo, em nossa natureza humana, a murmuração frequentemente se torna uma resposta automática aos desafios e frustrações da vida.

Murmurar é um ato de rebelião contra Deus; isso porque ao reclamar estamos essencialmente dizendo que não confiamos na sabedoria e no cuidado do Senhor sobre nossas vidas. É como se disséssemos que sabemos melhor do que ele o que é bom ou justo para nós. Isso faz da murmuração não apenas um ato de ingratidão, mas também um sinal de incredulidade e descontentamento com a vontade divina.

O sábio Salomão adverte em Eclesiastes 5:6:

"Não permita que a sua boca o faça pecar."

Quando murmuramos, pecamos com nossa boca, liberando palavras de insatisfação que revelam um coração que não está alinhado com a gratidão que Deus espera de nós. A murmuração é, em essência, um insulto à soberania de Deus, pois questiona Seus planos e propósitos para nós.

"A MURMURAÇÃO É A SOMBRA QUE SE FORMA QUANDO NOS AFASTAMOS DA LUZ DA GRATIDÃO."

Quando nos concentramos nas dificuldades e permitimos que a murmuração domine nosso discurso, perdemos de vista as bênçãos e a bondade que Deus continua a derramar sobre nós. A gratidão, por outro lado, é a chave que nos mantém firmes na confiança de que Deus está no controle e que todas as coisas cooperam para o nosso bem (Romanos 8:28).

Oração para guerrear

Senhor Deus, em meio às tempestades e adversidades, eu venho a ti com um coração disposto a agradecer. Reconheço que muitas vezes a murmuração tem sido minha resposta automática, mas hoje decido abandonar as palavras de reclamação e substituí-las por um espírito de gratidão.

Ajuda-me a ver além dos desafios e a reconhecer a tua mão amorosa em cada detalhe da minha vida. Que eu possa lembrar que, mesmo nas circunstâncias difíceis, tu permaneces no controle e tens um propósito maior. Ensina-me, Pai, a confiar na tua sabedoria e a entender que todas as coisas, por mais desafiadoras que sejam, cooperam para o meu bem.

Que a minha boca seja um instrumento de louvor e não de murmuração. Que, em vez de reclamar, eu possa proclamar a tua bondade e fidelidade. Coloca em mim um coração grato, capaz de reconhecer as bênçãos que muitas vezes passam despercebidas. Obrigado por cada oportunidade de crescimento e por cada lição que me ensina a depender ainda mais de ti.

Em nome de Jesus, amém.

13

Um convite universal de louvor

Louvem o Senhor, todas as nações;
exaltem-no, todos os povos!
Salmos 117:1

O Salmo 117 é o menor capítulo da Bíblia, mas suas palavras ecoam como um grito poderoso, um convite universal: "Louvem o Senhor, todas as nações". Deus não é apenas o Deus de Israel, ele é o Deus de todas as nações, tribos e línguas. O chamado para louvar ao Senhor não conhece fronteiras, é uma convocação que atravessa o tempo e o espaço, convidando cada ser humano a reconhecer a grandeza, a bondade e a misericórdia de Deus.

Muitas vezes, esquecemos que nosso louvor é uma expressão que ultrapassa nossas circunstâncias. Não louvamos a Deus apenas pelo que ele faz, mas por quem ele é. O salmista nos lembra que sua bondade é eterna e sua verdade dura para sempre. E é por isso que ele é digno de receber louvor de todas as nações.

"O LOUVOR É A LINGUAGEM QUE UNE A HUMANIDADE AO CÉU."

O ato de louvar é um reflexo da nossa compreensão da grandeza de Deus. Quando reconhecemos o amor infalível do Senhor e sua fidelidade que permanece para sempre, somos impulsionados a juntar nossas vozes ao coro de todas as nações que exaltam seu santo nome. Que hoje, possamos nos unir a essa canção universal e elevar um louvor sincero ao Deus que nos ama com amor eterno.

Como você tem expressado seu louvor a Deus? Permita que o seu coração se una ao convite de adoração que ressoa por todo o mundo. Louve ao Senhor com alegria e gratidão, pois ele é digno!

Oração para guerrear

Pai celestial, eu me uno a este convite universal de louvor e elevo minha voz em adoração ao teu santo nome. Reconheço que tu és o Deus de todas as nações, aquele que reina soberano sobre toda a terra. Louvo-te não apenas pelo que fazes, mas por quem és: um Deus bom, fiel e misericordioso, cujo amor ultrapassa todas as barreiras e cujo poder não conhece limites.

Que o meu louvor seja mais do que palavras, mas um reflexo do meu coração grato e submisso à tua vontade. Que a minha vida seja um cântico de adoração que se une ao coro de todas as línguas e povos que proclamam a tua grandeza. Senhor, ensina-me a te louvar em todos os momentos, a reconhecer tua bondade nas pequenas e grandes coisas, e a expressar meu amor por ti em cada ato e palavra.

Que hoje e sempre, eu possa celebrar a tua verdade que permanece para sempre e a tua misericórdia que nunca falha. Aceita, Senhor, o meu louvor como uma oferta sincera de gratidão, pois tu és digno de todo louvor, honra e glória.

Em nome de Jesus, amém.

14

Confiança em Deus nas orações

Confie no Senhor de todo o seu coração e não se apoie em seu próprio entendimento.
Provérbios 3:5

Há uma sabedoria profunda e eterna nestas palavras. Em um mundo que nos incentiva a sermos autossuficientes, a confiar em nossa lógica e em nossa capacidade, Deus nos chama a um caminho diferente, um caminho que desafia a razão e abraça a fé.

Confiar no Senhor de todo o coração é mais do que uma simples declaração; é um ato de rendição. É reconhecer que, por mais que tenhamos conhecimento ou experiência, nossa visão é limitada e nosso entendimento, muitas vezes, falho. Deus, no entanto, vê o todo, conhece o futuro e nos ama com um amor perfeito. Ele nos convida a colocar diante dele todas as nossas incertezas, dúvidas e preocupações.

"A VERDADEIRA CONFIANÇA É ENTREGAR O LEME DA VIDA A DEUS, MESMO QUANDO NÃO ENXERGAMOS O HORIZONTE."

Quando paramos de nos apoiar em nossa própria compreensão e permitimos que Deus nos guie, experimentamos uma paz que vai além das circunstâncias. Podemos não ter todas as respostas, mas sabemos que aquele que nos guia conhece o melhor caminho.

Oração para guerrear

Senhor Deus, hoje venho a ti, reconhecendo a minha fragilidade e a limitação do meu entendimento. Eu entrego a ti cada área da minha vida, cada preocupação, cada dúvida e cada sonho. Ensina-me a confiar em ti de todo o meu coração, mesmo quando o caminho à frente é incerto e quando minhas próprias respostas parecem insuficientes.

Ajuda-me a não me apoiar em meu próprio entendimento, mas a buscar a tua sabedoria e a tua direção em cada passo que dou. Que a minha fé seja fortalecida, e que eu possa descansar na certeza de que tu és o Deus que vê além do que eu posso enxergar, que conhece o futuro e tem planos perfeitos para mim.

Toma o leme da minha vida, Pai, e guia-me segundo a tua vontade. Que a minha confiança em ti seja como uma âncora firme, que me mantém seguro mesmo em meio às tempestades. Eu sei que tu és fiel, que os teus caminhos são mais altos do que os meus e que, ao confiar em ti, encontrarei a paz que só o Senhor pode dar.

Em nome de Jesus, amém.

15

Clamor em meio à angústia

Clame a mim no dia da angústia; eu o livrarei, e você me honrará.
Salmos 50:15

Há dias em que o peso da vida parece nos esmagar, momentos em que a dor e a angústia nos envolvem como uma tempestade sem fim. É nesses momentos que a voz suave de Deus nos chama através das Escrituras: "Clame a mim no dia da angústia". Ele não nos promete uma vida sem desafios, mas nos oferece sua presença fiel e poderosa para atravessar cada um deles.

Quando clamamos a Deus, algo extraordinário acontece. Não é apenas um pedido de socorro, mas um ato de rendição e confiança. Estamos dizendo: "Senhor, eu não posso, mas tu podes." É nesse clamor que o poder de Deus é liberado em nossas vidas. Ele se inclina do céu para ouvir a nossa voz, enxugar nossas lágrimas e nos sustentar com sua destra poderosa.

"CLAMAR A DEUS NO DIA DA ANGÚSTIA É RECONHECER QUE A NOSSA FRAQUEZA É O PALCO PERFEITO PARA A MANIFESTAÇÃO DA FORÇA DELE."

Não importa o tamanho do problema, a profundidade da dor ou a escuridão do momento que você está enfrentando. Deus promete que, se você clamar, ele virá ao seu encontro, lhe trará livramento e transformará a sua angústia em testemunho de honra e glória ao seu nome. Que hoje, mesmo em meio à aflição, você encontre paz ao saber que Deus ouve o seu clamor e que ele é fiel para livrá-lo.

Qual é a angústia que você precisa entregar a Deus hoje? Clame a ele, confie na sua promessa e espere pelo seu livramento.

Oração para guerrear

Senhor Deus, em meio à tempestade que enfrento, eu clamo a ti. Tu és o meu refúgio e a minha força, o socorro bem presente em tempos de angústia. Reconheço que, por minhas próprias forças, não posso vencer os desafios que se levantam diante de mim, mas confio que tu és poderoso para me livrar.

Inclina teus ouvidos ao meu clamor, Pai, e ouve a minha oração. Conheces cada lágrima que derramei, cada medo que tenta me paralisar e cada dúvida que assombra o meu coração. Peço que, com tua destra poderosa, venhas ao meu encontro, trazendo paz em meio à tempestade e força em minha fraqueza.

Eu entrego a ti toda a minha angústia e confio na tua promessa de livramento. Que, ao me resgatar, eu possa honrar o teu nome e testemunhar o teu amor e fidelidade. Que o meu clamor se transforme em louvor, e que a minha dor seja transformada em testemunho de tua glória.

Em nome de Jesus, amém.

16

PEDINDO SABEDORIA A DEUS

Se algum de vocês tem falta de sabedoria, peça-a a Deus, que a todos dá livremente, de boa vontade; e lhe será concedida.
Tiago 1:5

Todos nós já enfrentamos momentos em que não sabemos que caminho seguir, momentos em que a incerteza nos envolve e nos sentimos perdidos. Tiago, em sua epístola, nos oferece um conselho precioso: se alguém tem falta de sabedoria, que a peça a Deus, que a concede generosamente a todos, sem fazer distinção ou repreensão.

Deus não apenas possui toda a sabedoria, mas ele a oferece com generosidade e sem críticas. Quando recorremos a ele, podemos ter a certeza de que não seremos rejeitados por nossa ignorância ou confusão. Pelo contrário, ele se alegra quando o buscamos com humildade, reconhecendo que precisamos dele para tomar as decisões certas e discernir o caminho a seguir.

"A VERDADEIRA SABEDORIA NÃO VEM DE NOSSAS EXPERIÊNCIAS, MAS DO DEUS QUE NOS GUIA EM MEIO A ELAS."

Portanto, ao enfrentar desafios, incertezas ou até mesmo a necessidade de tomar uma decisão importante, lembre-se de que você tem acesso ao Criador do universo, que está disposto a compartilhar sua sabedoria com você. Tudo o que ele pede é que nos aproximemos dele em oração e confiança, crendo que ele nos dará o que precisamos.

Você tem buscado a sabedoria de Deus para as decisões em sua vida? Não hesite em pedir, pois ele está pronto para conceder a direção que você precisa.

Oração para guerrear

Senhor Deus, eu me coloco diante de ti em humildade e reconhecimento da minha necessidade de tua sabedoria. Há tantas decisões a serem tomadas, tantos caminhos incertos, e muitas vezes me sinto perdido e sem direção. Mas hoje, eu clamo a ti, pedindo que me concedas a sabedoria que vem do alto.

Tu és o Deus que conhece todas as coisas, que vê o início e o fim, e que guia aqueles que o buscam com sinceridade. Peço que ilumines a minha mente, abra os meus olhos e me ajudes a discernir o que é certo e justo. Que, em cada decisão, eu possa sentir a tua mão guiando os meus passos e o teu Espírito direcionando o meu coração.

Eu confio na tua promessa de que dás sabedoria a todos que pedem, sem repreensão. Que a tua sabedoria me conduza em cada área da minha vida, trazendo clareza, entendimento e paz. Que eu possa tomar decisões que honrem o teu nome e reflitam a tua vontade. Obrigado por seres um Deus generoso, que não apenas possui sabedoria, mas que se alegra em compartilhá-la com aqueles que o buscam.

Em nome de Jesus, amém.

17

A PAZ QUE VAI ALÉM DO ENTENDIMENTO

Não andem ansiosos por coisa alguma, mas em tudo, pela oração e súplicas, e com ação de graças, apresentem seus pedidos a Deus.
Filipenses 4:6

A ansiedade é uma velha conhecida de todos nós. Ela se infiltra em nossos pensamentos, turva nossa visão e rouba nossa paz. Filipenses 4:6 nos convida a um caminho diferente: em vez de sermos consumidos pela preocupação, somos chamados a entregar tudo ao Senhor por meio da oração e súplicas. Deus nos oferece a oportunidade de trocar nossas ansiedades por uma paz que transcende qualquer entendimento humano.

O segredo está em como nos aproximamos dele. Não se trata apenas de apresentar nossas necessidades, mas de fazê-lo com um coração agradecido. A gratidão, mesmo diante das dificuldades, abre nossos olhos para as muitas maneiras pelas quais Deus já tem cuidado de nós. Quando deixamos de olhar para as tempestades ao nosso redor e fixamos nossos olhos naquele que acalma os mares, encontramos descanso para nossas almas.

"A ORAÇÃO TRANSFORMA O FARDO DA ANSIEDADE NO ALÍVIO DA CONFIANÇA."

Ao apresentar seus pedidos a Deus hoje, faça isso com um coração que reconhece a sua bondade e fidelidade. Não importa o tamanho da preocupação que você carrega, saiba que o Pai cuida de você com amor e atenção. A cada súplica, libere sua ansiedade e permita que a paz de Deus, que excede todo entendimento, guarde sua mente e coração em Cristo Jesus.

Que ansiedade você precisa entregar a Deus hoje? Lembre-se de apresentar seus pedidos com ações de graças, confiando que ele está no controle de todas as coisas.

Oração para guerrear

Senhor Deus, neste momento, coloco diante de ti todas as minhas preocupações, ansiedades e medos. Sei que és o Deus que acalma tempestades, e por isso, entrego a ti tudo o que tem tirado minha paz. Eu renuncio ao espírito de inquietação que tenta me dominar e escolho confiar na tua bondade e fidelidade.

Pai, ensina-me a enxergar além das circunstâncias, a olhar para tua mão que sustenta e guia. Que eu possa, em cada súplica, liberar minha ansiedade e receber de ti a paz que excede todo entendimento. Como um filho que corre para os braços do Pai, eu me entrego completamente a ti, crendo que estás no controle de todas as coisas.

Agradeço por cada bênção já recebida, por tua provisão e cuidado em minha vida. Que minha oração não seja apenas um pedido, mas um ato de gratidão pela tua presença constante. Guarda, Senhor, minha mente e meu coração em Cristo Jesus, e que a paz que vem de ti reine soberana sobre toda preocupação.

Eu confio em ti, hoje e sempre. Amém.

18

O CONSOLADOR DOS CORAÇÕES

Só ele cura os de coração quebrantado e cuida das suas feridas.
Salmos 147:3

Há momentos na vida em que o coração se quebra em mil pedaços. As dores, perdas e decepções parecem pesadas demais para carregar, e a esperança se esvai. É nesses momentos que precisamos nos lembrar da promessa encontrada em Salmos 147:3:

"Só ele cura os de coração quebrantado e cuida das suas feridas."

Deus não é indiferente à nossa dor. Ele vê cada lágrima, ouve cada suspiro e conhece profundamente as feridas que carregamos. Diferente de qualquer outro, ele não apenas oferece palavras de conforto; ele toca as feridas, as trata e inicia um processo de cura que só ele pode realizar. Sua cura não é superficial ou temporária. É uma restauração que vai ao âmago do nosso ser, onde ninguém mais pode alcançar.

"NAS MÃOS DE DEUS, AS FERIDAS SE TRANSFORMAM EM TESTEMUNHOS DE SUPERAÇÃO."

Não importa o quão quebrantado você esteja hoje, lembre-se de que há um Deus que tem o poder de transformar as marcas da dor em cicatrizes de vitória. Ele te convida a se achegar a ele, a abrir seu coração e a permitir que ele comece a cuidar das suas feridas.

Quais áreas da sua vida precisam da cura de Deus? Leve-as a ele em oração e permita que o Consolador restaure seu coração quebrantado.

Oração para guerrear

Pai amado, hoje me coloco diante de ti com meu coração quebrantado, carregando as feridas e cicatrizes que a vida trouxe. Sei que somente tu tens o poder de enxergar cada fragmento, cada dor que esconde minha alma. Por isso, venho a ti, o Consolador dos corações, pedindo que toques as partes mais profundas do meu ser.

Senhor, derrama tua cura sobre cada área que necessita de restauração. Transforma a dor em força, o lamento em louvor, e as lágrimas em testemunhos de superação. Que, em tuas mãos, minha história seja escrita com esperança e renovação. Sei que tu não rejeitas um coração contrito, e por isso, entrego a ti tudo o que sou, confiando em teu amor que não falha.

Sustenta-me, Pai, e dá-me a graça de ver além da dor, de enxergar a obra maravilhosa que estás realizando em mim. Que, ao sentir tua presença, eu encontre paz e consolo para seguir adiante. Obrigado por seres o Deus que cura, restaura e me ama incondicionalmente.

Em nome de Jesus, amém.

19

Vestindo a armadura de Deus

Vistam toda a armadura de Deus, para poderem ficar firmes contra as ciladas do Diabo.
Efésios 6:11

Todos nós passamos por dias difíceis em que parece que o mundo inteiro está contra nós. Há momentos em que somos bombardeados por tentações, pensamentos negativos ou desafios que nos deixam sem forças. É nessas horas que precisamos nos lembrar do que Paulo escreveu em Efésios 6:11: "Vistam toda a armadura de Deus".

A verdade é que não podemos enfrentar as lutas da vida sozinhos. Deus sabe disso e, por isso, nos oferece uma armadura completa para nos proteger. Essa armadura é mais do que um conjunto de ideias; é a maneira que Deus nos dá para ficarmos firmes e não sermos derrubados pelas dificuldades. Quando nos vestimos com a verdade, a fé, a justiça, a salvação e a Palavra de Deus, estamos preparados para enfrentar qualquer situação que apareça, não importa o quão difícil pareça.

"VESTIR A ARMADURA DE DEUS É LEMBRAR TODOS OS DIAS QUE, MESMO EM MEIO ÀS LUTAS, NÃO ESTAMOS SOZINHOS."

A vida é cheia de surpresas, muitas delas nem sempre agradáveis, mas Deus nos dá o que precisamos para não sermos derrotados. Acredite, não importa o que você esteja enfrentando, ele está ao seu lado e te fortalece.

Como você tem se preparado para enfrentar os desafios do dia a dia? Hoje, peça a Deus que o ajude a vestir a armadura dele e confie que, com ele, você pode enfrentar qualquer coisa.

Oração para guerrear

Senhor Deus, hoje eu me coloco diante de ti, reconhecendo que, por minhas próprias forças, não sou capaz de enfrentar as batalhas que se levantam contra mim. Por isso, peço que me ajudes a vestir toda a tua armadura. Que eu me revista da tua verdade para que as mentiras do inimigo não me alcancem, e que a tua justiça seja a proteção do meu coração contra as ciladas que tentam me desviar do teu caminho.

Que a fé seja o escudo que me guarda dos dardos inflamados da dúvida e do medo. Coloca em minha cabeça o capacete da salvação, para que meus pensamentos sejam guiados por tua paz e esperança. E que a tua Palavra, a espada do Espírito, esteja sempre em meus lábios e em meu coração, para que eu possa resistir a qualquer ataque.

Pai, dá-me a coragem e a força para permanecer firme, mesmo quando as tempestades forem intensas. Lembra-me de que não estou sozinho, pois és o Deus que luta por mim. Que eu enfrente cada dia com a certeza de que, com Tua armadura, posso vencer qualquer desafio.

Em nome de Jesus, amém.

20

O PODER DO PERDÃO

Perdoa as nossas dívidas, assim como perdoamos aos nossos devedores.
Mateus 6:12

Todos nós, em algum momento, já sentimos o peso de um erro, de uma palavra mal dita ou de uma atitude que machucou alguém. E da mesma forma, todos já fomos feridos por atitudes e palavras de outros. Em Mateus 6:12, Jesus nos ensina um mandamento inegociável: "Perdoa-nos [...] como nós perdoamos aos nossos devedores". Ele nos mostra que o perdão é uma via de mão dupla. Para sermos perdoados, precisamos também estender o perdão aos outros.

Perdoar nem sempre é fácil. Às vezes, o que nos fizeram parece tão injusto ou doloroso que é difícil deixar ir. Mas quando decidimos perdoar, libertamos não apenas a outra pessoa, mas a nós mesmos. Carregar rancor é como carregar um peso desnecessário, que nos impede de seguir em frente.

"O PERDÃO NÃO MUDA O PASSADO, MAS TRANSFORMA O NOSSO PRESENTE."

Ao perdoar, permitimos que Deus cure as feridas que o ressentimento abriu em nosso coração. E, ao pedirmos perdão a ele, somos lembrados de sua graça e misericórdia, que nos alcançam mesmo quando erramos. É um ciclo de amor e restauração que começa quando damos o primeiro passo.

Oração para guerrear

Pai amado, hoje eu venho diante de ti com um coração humilde, reconhecendo o peso dos erros que carrego e das feridas que outros me causaram. Sei que não sou perfeito, e muitas vezes, falhei em perdoar e pedir perdão. Por isso, eu te peço, Senhor, ajuda-me a liberar o perdão àqueles que me feriram, assim como tu, com tua infinita misericórdia, me perdoas todos os dias.

Tira de mim, Pai, todo o ressentimento, mágoa e rancor que têm impedido meu coração de ser livre. Ensina-me a olhar para aqueles que me machucaram com os olhos de amor e compaixão que tu tens por mim. Que eu possa ser um reflexo da tua graça, perdoando não apenas com palavras, mas com um coração genuinamente disposto a deixar o passado para trás.

Eu sei que o perdão não apaga o que aconteceu, mas peço que ele transforme meu presente e me permita viver em paz e plenitude. Que, ao perdoar, eu sinta a leveza que só tua presença pode trazer e que meu coração seja renovado pela tua cura. Obrigado por tua graça, Senhor.

Em nome de Jesus, amém.

21

A PORTA QUE SE ABRE

Pois todo o que pede, recebe; o que busca, encontra; e àquele que bate, a porta será aberta.
Mateus 7:8

O que o seu coração deseja hoje? O que faz você pedir, buscar e bater? Jesus nos lembra em Mateus 7:8 que há um mistério na persistência. Ele nos assegura que quem pede, recebe; quem busca, encontra; e para quem bate, a porta se abrirá. É mais do que um convite, é uma promessa de Deus. Mas quantas vezes deixamos de pedir porque a resposta parece demorar? Ou paramos de bater na porta quando o silêncio parece ser a única resposta?

A verdade é que a fé se revela na espera, na confiança de que Deus nos ouve mesmo quando tudo parece quieto. Às vezes, ele não abre a porta imediatamente, não porque não se importe, mas porque quer que experimentemos a beleza da busca, a força da persistência e a transformação que acontece em nós enquanto esperamos.

"A ESPERA EM DEUS NUNCA É TEMPO PERDIDO; É TEMPO INVESTIDO."

Hoje, ao se aproximar de Deus em oração, faça isso com um coração confiante. Ele é fiel e sabe o momento certo de abrir a porta. Não desista de bater, de buscar, de pedir. Há um propósito em cada passo dessa caminhada, e, no tempo certo, a resposta virá.

Qual é o pedido que você carrega em seu coração? Continue batendo na porta com fé, pois Deus nunca deixa de ouvir.

Oração para guerrear

Senhor, hoje eu me aproximo de ti com um coração cheio de esperança e fé, trazendo diante de ti os desejos mais profundos da minha alma. Tu conheces as áreas em que tenho esperado, as portas que tenho batido e os pedidos que tenho feito em oração. E, mesmo quando o silêncio parece ser a resposta, eu confio que tu estás ouvindo cada palavra, cada clamor.

Dá-me a força para persistir, para continuar buscando e batendo, mesmo quando a espera se torna difícil. Que minha fé seja fortalecida a cada dia, lembrando-me de que a tua promessa é fiel e de que o tempo que passo te buscando nunca é em vão. Ensina-me a valorizar cada etapa, a reconhecer que, na espera, tu estás moldando meu caráter e me preparando para a bênção que virá.

Eu creio, Pai, que a porta se abrirá no momento certo, de acordo com o teu perfeito plano. Que eu nunca deixe de confiar na tua bondade e fidelidade. Obrigado por seres o Deus que ouve, que responde e que sempre cumpre suas promessas.

Em nome de Jesus, amém.

22

Submissão à vontade de Deus

Não seja como eu quero, mas sim como tu queres.
Mateus 26:39

Neste versículo, encontramos Jesus em um dos momentos mais angustiantes de sua vida. No jardim do Getsêmani, ele expressa sua humanidade de forma profunda e sincera, revelando que, mesmo sendo Deus, sentiu a dor, o medo e a aflição que qualquer ser humano sentiria diante da morte iminente. Porém, o que torna este momento tão poderoso é a rendição de Jesus à vontade do Pai, um ato de obediência e submissão.

Muitas vezes, em nossa caminhada, enfrentamos situações em que nossa vontade entra em conflito com o que Deus tem para nós. Nesses momentos, a tendência natural é resistir, desejar escapar do "cálice" que nos foi dado. Mas é exatamente nessas ocasiões que o exemplo de Cristo se torna mais relevante e inspirador. Ele nos ensina que a verdadeira força não está em impor nossos desejos, mas em nos render ao propósito de Deus, confiando que seus planos são sempre melhores, mesmo que não compreendamos no momento.

"A verdadeira vitória não está em ter o que queremos, mas em desejar o que Deus quer para nós."

Que possamos, assim como Jesus, ter um coração disposto a dizer: "Não como eu quero, mas como tu queres", confiando que a vontade do Pai é sempre boa, perfeita e agradável, mesmo nos momentos mais difíceis de nossas vidas.

Oração para guerrear

Senhor Deus, em nome de Jesus, venho a ti nesta oração de guerra, entregando todo o meu ser à tua vontade. Assim como Jesus no Getsêmani, eu reconheço minha fraqueza, minhas lutas e os medos que muitas vezes me cercam. Mas, mesmo diante das aflições, eu declaro que me submeto ao teu propósito. Que a minha vontade seja moldada pela tua, e que, em cada desafio, eu encontre forças para dizer: "Não como eu quero, mas como tu queres."

Pai, quebra em mim todo orgulho, toda resistência que me afasta do teu plano. Que o exemplo de obediência de Cristo seja minha arma em cada batalha, ensinando-me a confiar em tua soberania. Que eu possa lembrar que a verdadeira vitória não está em conquistar o que desejo, mas em caminhar na direção que tu traçaste para mim. Renova minha mente, fortalece meu espírito e guia meus passos na certeza de que a tua vontade é sempre boa, perfeita e agradável.

Em nome de Jesus, amém.

23

O CORDÃO DE TRÊS DOBRAS

Um cordão de três dobras não se rompe com facilidade.
Eclesiastes 4:12

O cordão de três dobras é uma linda metáfora da força que se encontra na união e na presença de Deus em nossos relacionamentos. Quando duas pessoas caminham juntas, elas se tornam mais fortes, capazes de suportar os desafios que a vida inevitavelmente traz. Mas quando Deus se torna a terceira dobra, ele transforma o que era apenas uma parceria em algo extraordinariamente resistente, capaz de suportar qualquer tempestade.

Na vida, enfrentamos momentos em que nossa própria força não é suficiente, e é nesse instante que a presença do outro se torna um refúgio. Um amigo, um parceiro, ou um familiar que nos apoia nos dias difíceis é como uma âncora que nos mantém firmes. Mas é a presença de Deus que faz com que esse laço seja ainda mais forte, preenchendo as lacunas de nossas fraquezas e unindo nossos corações com um propósito maior.

Permita-se ser parte de relacionamentos onde Deus é o elo que une. Fortaleça os laços de amor, amizade e companheirismo, sabendo que, com Ele, até o mais frágil dos fios se torna uma corrente inquebrável.

"A VERDADEIRA FORÇA NÃO ESTÁ NA QUANTIDADE DE FIOS, MAS NA PRESENÇA DE DEUS QUE OS ENTRELAÇA."

Que você possa encontrar e cultivar laços que sejam reforçados pelo amor e pela graça de Deus, tornando-se verdadeiramente inquebráveis diante das adversidades da vida.

Oração para guerrear

Senhor Deus, em nome de Jesus, eu me coloco em tua presença, clamando para que tu sejas a terceira dobra em todos os relacionamentos que fazem parte da minha vida. Que a tua presença seja o elo que une, fortalece e sustenta cada amizade, cada laço de amor e companheirismo que construo. Ensina-me a ser um instrumento de apoio e amor, sendo reflexo da tua graça na vida daqueles que me cercam.

Pai, sei que as tempestades virão, e os ventos da adversidade tentarão nos separar, mas declaro que, com tua presença, seremos inquebráveis. Que tua força seja a base do nosso cordão, fazendo-nos resistir a toda pressão e dificuldade. Que eu possa ser um exemplo de união e de fé, lembrando sempre que a verdadeira força não está em nós mesmos, mas em ti, que nos entrelaça e nos mantém firmes.

Em nome de Jesus, amém.

24

PEDI, BUSCAI E BATEI

Peçam, e lhes será dado; busquem, e encontrarão; batam, e a porta lhes será aberta.
Mateus 7:7

Jesus, em sua infinita sabedoria, nos convida a confiar na generosidade e na provisão de Deus através desta promessa. Pedir, buscar e bater são três atitudes que revelam diferentes níveis de nossa fé e dependência do Pai. Pedir é reconhecer que precisamos de algo que está além de nossas próprias forças, buscar é ir em direção a isso com determinação, e bater é insistir até que a porta se abra.

No entanto, o segredo deste versículo está na certeza de que Deus está sempre atento às nossas necessidades e desejos. Quando pedimos, ele ouve; quando buscamos, ele guia; e quando batemos, ele abre. A fé não é apenas acreditar em um resultado, mas acreditar que Deus é bom e deseja o melhor para nós, mesmo que as respostas nem sempre sejam como imaginamos.

Muitas vezes, a demora nas respostas nos faz duvidar ou desanimar, mas precisamos lembrar que o tempo de Deus é perfeito. Ele sabe o que é melhor para nós e o momento certo para entregar aquilo que pedimos. Portanto, continue a pedir, a buscar e a bater com confiança, pois o Pai amoroso está sempre à espera para abençoar os filhos que o buscam com sinceridade e fé.

"A PORTA QUE DEUS ABRE É SEMPRE A MELHOR, MAS É A PERSISTÊNCIA QUE A FAZ SE REVELAR."

Que nunca deixemos de pedir, de buscar e de bater, sabendo que o próprio Jesus nos deu essa garantia de que, ao fazermos isso, encontraremos a abundância do amor e da graça de Deus em nossas vidas.

Oração para guerrear

Senhor Deus, em nome de Jesus, eu venho a ti com o coração cheio de fé, colocando em tuas mãos todas as minhas necessidades e desejos. Eu te peço, Pai, que tu ouças o clamor do meu coração, sabendo que és um Deus generoso e atento às súplicas dos teus filhos. Que a tua vontade seja feita em minha vida, pois confio que ela é sempre boa e perfeita.

Senhor, ajuda-me a buscar com determinação e a bater com persistência, mesmo quando as respostas parecem demorar. Dá-me a coragem para confiar no teu tempo e na tua sabedoria, sabendo que a porta que tu abres é sempre a melhor. Que eu nunca perca a esperança, mas continue firme, crendo que o Senhor tem preparado o melhor para mim. Que a minha fé seja fortalecida a cada dia, e que eu possa experimentar a abundância do teu amor e da tua graça.

Em nome de Jesus, amém.

25

Oração pela renovação da mente

Transformem-se pela renovação da sua mente, para que sejam capazes de experimentar e comprovar a boa, agradável e perfeita vontade de Deus.
Romanos 12:2

Em um mundo que constantemente tenta nos moldar, Deus nos chama para algo muito mais profundo e verdadeiro: uma transformação que vem de dentro para fora. A renovação da mente é mais do que apenas mudar a forma de pensar; é um processo de permitir que a verdade de Deus penetre em nosso coração, substituindo os padrões deste mundo por pensamentos que refletem a vontade do Pai.

Essa renovação é um ato de coragem, de deixar para trás velhas crenças e abrir espaço para que Deus revele quem realmente somos em Cristo. Muitas vezes, estamos tão acostumados aos pensamentos negativos, às inseguranças e às limitações que o mundo nos impõe, que esquecemos que fomos criados para viver a plenitude da vontade de Deus — uma vontade que é sempre boa, agradável e perfeita.

Quando nos dispomos a permitir que Deus transforme nossa mente, começamos a enxergar a vida sob uma nova perspectiva, experimentando a paz, a alegria e a liberdade que só ele pode oferecer. É nesse momento que compreendemos que a verdadeira mudança não acontece pelas circunstâncias ao nosso redor, mas pelo poder de Deus que atua em nosso interior.

> "A MENTE RENOVADA É A CHAVE QUE ABRE AS PORTAS PARA VIVERMOS O PROPÓSITO PERFEITO DE DEUS."

Que hoje você permita que Deus renove sua mente, trocando os medos, as dúvidas e as limitações pelas verdades eternas e libertadoras do seu amor. Assim, você experimentará o que significa viver plenamente na boa, agradável e perfeita vontade de Deus.

Oração para guerrear

Senhor todo-poderoso, em nome de Jesus, venho diante de ti pedindo que a tua verdade penetre em meu coração e renove a minha mente. Que toda forma de pensamento negativo, dúvida e insegurança seja quebrada agora, e que a tua luz invada cada canto do meu ser. Transforma-me, Pai, e faz com que a minha mente se alinhe à tua boa, agradável e perfeita vontade. Que eu não me conforme com os padrões deste mundo, mas que a tua verdade seja o filtro de cada pensamento.

Reveste-me com a tua armadura, para que eu possa resistir às mentiras que o inimigo tenta lançar sobre mim. Que a tua palavra seja a espada que corta as amarras que me prendem a velhos hábitos e crenças. Fortalece-me para que, a cada dia, eu me torne mais semelhante a Cristo, vivendo em plenitude, paz e liberdade. Que o poder da tua renovação seja constante em minha vida, moldando-me conforme o teu propósito.

Imploro que a minha mente seja renovada pelo teu Espírito. Que os pensamentos de medo e limitação sejam substituídos pela certeza do teu amor e cuidado. Que eu possa viver na plenitude da tua vontade, refletindo a tua glória em cada passo, experimentando a tua paz que excede todo entendimento.

Em nome de Jesus, amém!

26

Orando por paz em tempos de guerra

Deixo-lhes a paz; a minha paz lhes dou. Não a dou como o mundo a dá. Não se perturbe o seu coração, nem tenham medo.
João 14:27

Há um tipo de paz que o mundo oferece, baseada em circunstâncias, momentos passageiros e na ausência de problemas. Mas essa paz é frágil, facilmente abalada pelas tempestades da vida. Jesus, porém, nos oferece uma paz que transcende o entendimento, uma paz que não depende de condições externas, mas que nasce da sua presença em nosso coração.

Ao falar estas palavras aos seus discípulos, Jesus sabia que eles enfrentariam dias difíceis, que seus corações seriam postos à prova e que o medo tentaria dominá-los. Mesmo assim, ele os presenteou com a sua paz, uma paz que não se esvai com os ventos contrários. É uma paz que permanece, que se instala em nosso interior e nos sustenta, mesmo quando tudo ao redor parece desmoronar.

É comum que nossas vidas sejam invadidas por preocupações, ansiedades e medos. Mas a paz que Jesus nos dá é capaz de acalmar as tempestades que rugem dentro de nós, trazendo serenidade e confiança. Ela é um lembrete constante de que, independentemente das circunstâncias, somos cuidados por um Deus que conhece nossas dores e que sempre estará ao nosso lado.

> "A PAZ DE CRISTO NÃO É A AUSÊNCIA DE TEMPESTADES, MAS A CERTEZA DE QUE ELE ESTÁ CONOSCO EM MEIO A ELAS."

Que hoje, você permita que essa paz preencha seu coração. Confie nas palavras de Jesus e deixe que a sua presença seja o alicerce que traz serenidade e coragem para enfrentar qualquer desafio que a vida apresente.

Oração para guerrear

Senhor Deus, em meio às guerras e tempestades que se levantam ao meu redor, clamo pela tua paz que excede todo entendimento. Que ela invada o meu coração e me envolva como um manto de serenidade. Que, mesmo diante das lutas e das incertezas, eu possa sentir a tua presença e confiar que tu estás comigo, guiando cada passo. Transforma a minha mente e afasta de mim toda ansiedade e medo, preenchendo-me com a tua paz que não depende das circunstâncias.

Conceda-me, Pai, a força para enfrentar os desafios com coragem e a sabedoria para manter o coração firme na tua promessa. Que eu não me deixe abalar pelas turbulências da vida, mas encontre segurança em ti, sabendo que a tua paz é maior que qualquer conflito. Faz com que o meu espírito esteja em sintonia com o teu, para que eu possa ouvir a tua voz suave em meio ao caos.

Em nome de Jesus, declaro que sou fortalecido por ti, e que a tua paz reina sobre mim, acalmando as tempestades e dissipando toda angústia. Que a minha vida seja um reflexo da serenidade que vem de ti, e que eu possa ser um instrumento de paz, levando consolo e esperança a todos que precisam.

Em nome de Jesus, amém!

27

Clamando pela justiça de Deus

O Senhor é justo em todos os seus caminhos e é bondoso em tudo o que faz.
Salmos 145:17

Há algo profundamente consolador em saber que servimos a um Deus que é tanto justo quanto santo. Sua justiça é perfeita, sem falhas ou favoritismos, e sua santidade é a expressão máxima da pureza e da integridade. Em um mundo onde muitas vezes presenciamos injustiças e nos deparamos com imperfeições, o caráter de Deus se destaca como um farol de verdade e retidão.

A justiça de Deus não é apenas um conceito abstrato; ela se manifesta em seus caminhos, em tudo o que ele faz. Mesmo quando não compreendemos os acontecimentos ao nosso redor, podemos descansar na certeza de que Deus age de forma justa e amorosa, sempre visando o nosso bem e a sua glória. Sua santidade, por sua vez, nos lembra que ele é um Deus que não tolera o mal, mas que, em sua graça, nos convida a participar de sua natureza divina.

Ao nos depararmos com momentos de dúvida ou sofrimento, podemos encontrar conforto em saber que o Senhor não erra, não falha, e que todas as suas obras são marcadas por justiça e santidade. Ele conhece o nosso coração, as nossas lutas e anseios, e jamais nos trata de forma injusta ou indiferente.

"O QUE É JUSTO E SANTO EM DEUS É A GARANTIA DE QUE PODEMOS CONFIAR PLENAMENTE EM SUA VONTADE."

Que possamos, hoje e sempre, descansar na justiça e santidade do Senhor, sabendo que ele cuida de cada detalhe de nossas vidas com perfeição e amor. E que, ao contemplarmos seu caráter, sejamos inspirados a buscar viver com mais integridade e reverência diante dele.

Oração para guerrear

Senhor Deus, eu clamo pela tua justiça neste momento. Tu és justo em todos os teus caminhos e santo em todas as tuas obras, e é em ti que deposito a minha confiança. Quando o mundo ao meu redor parece desmoronar em meio a injustiças e incertezas, lembra-me de que tu és o Deus que enxerga cada detalhe e age com retidão. Que a tua justiça prevaleça em minha vida e em todas as situações que me cercam, trazendo luz e verdade onde há escuridão e engano.

Peço-te, Pai, que me dês forças para agir de acordo com a tua vontade, mesmo quando os desafios parecem grandes demais. Que eu seja um reflexo da tua justiça e santidade, vivendo de forma íntegra e honesta, buscando sempre agradar-te. Que, em meio às tempestades e aos momentos de dúvida, eu possa sentir a tua presença e encontrar consolo na certeza de que o Senhor é fiel e age com amor e equidade.

Sei que tua justiça é soberana e que nenhuma situação está além do teu controle. Que a tua verdade brilhe sobre mim e sobre os que me rodeiam, e que possamos todos experimentar a paz que vem de saber que tu és um Deus que age com justiça e compaixão.

Em nome de Jesus, amém!

28

Orando por avivamento pessoal

Realiza de novo, em nossa época, as mesmas obras, faze-as conhecidas em nosso tempo; em tua ira, lembra-te da misericórdia.
Habacuque 3:2

Há momentos em que olhamos ao redor e parece que a esperança é uma chama que se apaga lentamente. O profeta Habacuque, ao proferir essas palavras, viveu um período de crise e incerteza. Ele clamava a Deus por um avivamento, por um despertar que trouxesse a vida de volta ao que estava aparentemente morrendo. É um pedido de alguém que reconhece a grandeza e a justiça de Deus, mas que também conhece a profundidade da sua misericórdia.

Esse clamor ainda ecoa em nossos dias. Muitas vezes, nos deparamos com situações que parecem sombrias, com corações que se esfriam e sonhos que perdem o brilho. Mas, assim como Habacuque, somos convidados a pedir que o Senhor avive sua obra em nossas vidas, em nossas famílias e em nossa comunidade. Que ele desperte em nós uma fé vibrante, um amor que não se apaga e uma esperança que resiste aos tempos difíceis.

Habacuque não pede apenas um avivamento para si, mas para que a obra de Deus seja conhecida por todos. E mesmo quando o profeta reconhece a ira justa de Deus diante das falhas humanas, ele clama por misericórdia. Que possamos ter esse mesmo coração, um coração que busca a justiça, mas que também roga pela compaixão e graça do Senhor.

"QUANDO PEDIMOS A DEUS QUE AVIVE SUA OBRA, PERMITIMOS QUE SUA MISERICÓRDIA PREVALEÇA SOBRE NOSSOS TEMPOS DE INCERTEZA."

Hoje, peça a Deus que avive o que precisa ser renovado em sua vida, e permita que Sua misericórdia brilhe, mesmo nos momentos de maior dificuldade. Porque é na fraqueza humana que o poder e a graça de Deus se manifestam de forma mais extraordinária.

Oração para guerrear

Senhor Deus, venho diante de ti clamando por um avivamento pessoal em minha vida. Que a tua chama reacenda em meu coração, trazendo de volta a paixão e o fervor que talvez tenham se apagado com o tempo. Assim como o profeta Habacuque, eu peço que avives a tua obra em mim, que despertes a minha fé e que me concedas um amor que transborda, mesmo diante das adversidades. Que a tua presença seja constante, renovando a minha mente e espírito, e fazendo-me lembrar da tua misericórdia em cada passo.

Pai, peço que tu sopres vida sobre os sonhos que se perderam e que a tua luz brilhe em meio às sombras da minha existência. Que o avivamento que tanto desejo não seja apenas para mim, mas que se estenda àqueles ao meu redor. Que a tua obra se torne conhecida, e que, através do meu testemunho, muitos possam sentir a tua graça e o teu amor. Não permitas que eu me acomode, mas que eu busque, incansavelmente, viver de acordo com o teu propósito.

Eu oro para que a tua misericórdia prevaleça sobre mim, mesmo nos momentos de fraqueza. Que a tua força se aperfeiçoe em minhas limitações, e que, através desse avivamento, eu possa ser transformado de glória em glória. Que a tua vontade seja feita e que eu seja um instrumento nas tuas mãos.

Em nome de Jesus, amém!

29

ORAÇÃO PARA DERRUBAR MURALHAS

Quando soaram as trombetas o povo gritou.
Josué 6:20

A queda das muralhas de Jericó é um testemunho poderoso do que Deus pode realizar quando confiamos plenamente em sua palavra. Imagine o povo de Israel, caminhando ao redor de uma cidade fortificada, dia após dia, em silêncio, aguardando o momento certo para gritar. Aparentemente, era uma estratégia incomum, sem lógica. Mas ali estava o segredo: a obediência a Deus, mesmo quando suas instruções não faziam sentido aos olhos humanos.

Quantas vezes em nossas vidas nos deparamos com muralhas que parecem intransponíveis? Problemas, medos e desafios que nos fazem sentir pequenos e incapazes. E, assim como o povo de Israel, podemos ser tentados a pensar que nada mudará. Mas é exatamente nesses momentos que Deus nos chama a confiar, a dar um passo de fé e a crer que ele está trabalhando, mesmo quando não enxergamos o resultado imediato.

O que derrubou as muralhas de Jericó não foi a força do grito, mas a fé que aquele grito representava — uma fé que dizia: "Eu confio que Deus é capaz". E assim deve ser em nossas vidas.

"AS MURALHAS CAEM NÃO PELO TAMANHO DO NOSSO GRITO, MAS PELA GRANDEZA DO DEUS QUE RESPONDE A ELE."

Se hoje você enfrenta muralhas que parecem intransponíveis, lembre-se: Deus é especialista em derrubar barreiras. Confie, obedeça, e permita que ele transforme o impossível em realidade diante de seus olhos.

Oração para guerrear

Senhor Deus, diante de ti eu coloco todas as muralhas que me cercam, aquelas barreiras que parecem intransponíveis aos olhos humanos. Assim como o povo de Israel diante de Jericó, eu creio que, com a tua força, nenhuma muralha é forte demais. Clamo para que derrubes toda resistência que se ergue contra mim, seja ela de medo, dúvida, problemas ou circunstâncias difíceis. Que, ao confiar na tua palavra, eu possa ver essas barreiras ruírem diante do teu poder.

Dá-me, Senhor, a coragem para obedecer às tuas instruções, mesmo quando elas parecem não fazer sentido. Que eu tenha a ousadia de caminhar em volta das muralhas, confiando que, no tempo certo, o teu agir se manifestará. Que a minha fé seja fortalecida a cada passo e que eu nunca perca a esperança de que tu és capaz de transformar o impossível em realidade. O meu grito de vitória será um reflexo da confiança que deposito em ti.

Proclamo que nenhuma muralha é grande demais para o Senhor. Que a tua presença esteja à frente de cada batalha que enfrento e que o teu poder se manifeste em minha vida. Que, ao final, eu possa testemunhar a queda de todas as barreiras e exaltar o teu nome, pois tu és o Deus que derruba muralhas e traz libertação ao seu povo.

Em nome de Jesus, amém!

30

Confiança na soberania de Deus em oração

Muitos são os planos no coração do homem, mas o que prevalece é o propósito do Senhor.
Provérbios 19:21

Todos nós, em algum momento, traçamos metas, nutrimos sonhos e planejamos como queremos que a vida aconteça. Projetamos o futuro, idealizamos o que desejamos e nos esforçamos para que nossos objetivos se realizem. No entanto, há uma verdade fundamental que este versículo nos revela: por mais que façamos planos, é a vontade do Senhor que prevalece.

Em nossa humanidade, nem sempre entendemos por que as coisas não acontecem como imaginamos. Sentimos frustração quando os caminhos tomam direções diferentes ou quando as respostas que esperamos parecem não chegar. Mas é nesses momentos que precisamos lembrar que Deus enxerga além do que vemos. Seus planos são perfeitos, mesmo quando parecem contrariar os nossos desejos. Ele conhece o nosso futuro e, em sua infinita sabedoria, conduz todas as coisas para o nosso bem.

Confiar que os planos de Deus prevalecem é um ato de fé e rendição. Não é desistir dos nossos sonhos, mas acreditar que o propósito do Senhor é sempre melhor do que aquilo que pensamos ou idealizamos. É permitir que ele guie nossos passos, sabendo que, em sua vontade, encontramos o melhor para nossas vidas.

"O que Deus planeja para nós é sempre maior do que os sonhos que construímos sozinhos."

Que possamos descansar na certeza de que os planos do Senhor prevalecem. Ao confiar nele, encontraremos a paz de saber que estamos sob o cuidado do melhor planejador: o próprio Deus

Oração para guerrear

Senhor Deus, eu me coloco diante de ti, reconhecendo que os meus planos, por mais bem elaborados que sejam, não se comparam à tua vontade perfeita e soberana. Em meio às batalhas que enfrento, entrego a ti cada uma das minhas preocupações, pois sei que és o Deus que vê além, que conhece o meu futuro e conduz todas as coisas para o meu bem. Que toda ansiedade, medo e incerteza sejam dissipados pela certeza de que os teus planos são maiores e melhores do que os meus.

Eu clamo, Pai, que a tua força me revista em cada batalha. Que eu possa ser como um soldado firme e destemido, confiando que o Senhor luta ao meu lado e que nenhum obstáculo é grande demais para o teu poder. Que eu não me deixe abater pelas frustrações, mas que cada derrota aparente seja um lembrete de que o Senhor está me moldando e me preparando para a vitória que virá em teu tempo perfeito.

Declaro que os teus propósitos prevalecem sobre a minha vida, e que nenhum plano do inimigo pode frustrar a tua vontade. Fortalece a minha fé, Senhor, e que eu jamais perca a confiança de que, em teu cuidado, encontrarei a paz e a direção de que preciso.

Em nome de Jesus, amém!

31

Orando com coração puro

Bem-aventurados os puros de coração,
pois verão a Deus.
Mateus 5:8

A pureza de coração é uma das maiores dádivas que podemos cultivar em nossa caminhada com Deus. Jesus nos lembra, neste versículo, que a verdadeira felicidade, a bem-aventurança, é reservada àqueles que possuem um coração livre de máculas, sincero e transparente. Ser puro de coração não significa ser perfeito, mas ter um desejo genuíno de viver de maneira íntegra, sem máscaras, e com intenções honestas diante de Deus e das pessoas.

Vivemos em um mundo que, muitas vezes, valoriza as aparências, a superficialidade e a dissimulação. Porém, a pureza de coração vai na contramão disso, nos convidando a sermos autênticos, a buscarmos a verdade em cada palavra, atitude e pensamento. Quando nosso coração é puro, nossa visão de Deus se torna mais clara, e somos capazes de percebê-lo nas pequenas coisas da vida, nos momentos simples, e até mesmo nas dificuldades.

A promessa de Jesus é que aqueles que possuem um coração puro verão a Deus. Isso não significa apenas vê-lo face a face no futuro, mas experimentá-lo aqui e agora, em cada detalhe, em cada resposta de oração, em cada momento de graça. A pureza abre nossos olhos para enxergar a beleza do Senhor em todos os aspectos da nossa vida.

Hoje, peça a Deus que limpe seu coração, removendo o que impede sua visão dele. E permita que a pureza transforme a maneira como você vê a vida, para que, em cada passo, você possa vislumbrar a bondade e a presença de Deus em tudo ao seu redor.

Oração para guerrear

Senhor Deus, venho a ti com um coração humilde, pedindo que limpes e purifiques o meu interior. Reconheço que, em meio à correria e aos desafios do dia a dia, é fácil permitir que impurezas, ressentimentos e más intenções contaminem a minha alma. Mas eu desejo viver de forma íntegra diante de ti, com um coração sincero, livre de máscaras, para que eu possa experimentar a tua presença em toda a sua plenitude.

Ajuda-me a rejeitar a superficialidade e a viver com autenticidade, buscando a verdade em cada palavra, ação e pensamento. Que eu possa, a cada momento, enxergar a beleza e a bondade do Senhor em tudo ao meu redor. Que a pureza de coração seja a lente através da qual eu veja o mundo, percebendo a tua mão mesmo nas situações mais difíceis, encontrando a tua graça nas pequenas coisas.

Eu declaro, Senhor, que o desejo do meu coração é estar cada vez mais próximo de ti. Que a pureza me conduza a uma visão clara de quem tu és, para que, em cada momento, eu possa vislumbrar a tua presença e sentir o teu amor. Que a tua santidade transforme a minha vida, e que, mediante a mim, outros também possam ver a tua luz.

Em nome de Jesus, amém!

32

A ORAÇÃO E O PODER DA PALAVRA DE DEUS

A palavra de Deus é viva e eficaz, e mais afiada que qualquer espada de dois gumes.
Hebreus 4:12

A Palavra de Deus não é apenas um conjunto de letras impressas em papel, mas uma força viva que transforma corações e mentes. Quando lemos ou ouvimos as Escrituras, estamos diante de algo que tem o poder de penetrar nas profundezas da nossa alma, discernindo nossos pensamentos, revelando nossas intenções mais ocultas e trazendo luz a cada canto do nosso ser.

Assim como uma espada de dois gumes, a Palavra de Deus tem a capacidade de cortar o que precisa ser removido de nossas vidas. Ela separa o que é verdadeiro do que é falso, o que é puro do que é impuro, e o que é temporal do que é eterno. Muitas vezes, esse processo pode ser desconfortável, pois a verdade de Deus nos confronta, desafiando nossos pensamentos, atitudes e escolhas. No entanto, é exatamente por meio desse confronto que somos moldados, purificados e transformados à imagem de Cristo.

A Palavra de Deus também é eficaz — ela cumpre o propósito para o qual foi enviada. Não importa a situação que enfrentamos, a Bíblia tem respostas, consolo e direção para nossas vidas. Ela não é apenas um guia para o passado, mas uma fonte viva que fala ao nosso presente e nos guia para o futuro.

Permita que a Palavra de Deus penetre em seu ser, abrindo espaço para a verdade, a cura e a renovação. Que ela seja a voz que guia seus passos, a força que sustenta suas lutas e a luz que ilumina seu caminho todos os dias.

Oração para guerrear

Senhor Deus, reconheço o poder da tua Palavra, que é viva e eficaz, e me coloco diante de ti para que ela penetre em minha alma, revelando aquilo que precisa ser transformado. Que a tua verdade seja como uma espada de dois gumes, cortando toda mentira, medo e dúvida que habitam em meu coração. Que, através das Escrituras, eu seja confrontado e moldado conforme a tua vontade, permitindo que a tua luz ilumine cada canto da minha vida.

Peço-te, Senhor, que a tua Palavra se torne a minha fortaleza em tempos de dificuldade e a minha bússola em momentos de incerteza. Que eu jamais me afaste dela, mas que a leia, medite e viva conforme os teus ensinamentos, sabendo que a tua voz é a única que pode me guiar no caminho certo. Que a tua verdade me purifique e me aproxime mais de ti a cada dia.

Declaro que a tua Palavra é a força que sustenta as minhas batalhas, a fonte de consolo em meio às tempestades e a lâmpada que ilumina o meu caminho. Que ela transforme a minha mente, renove o meu espírito e me conduza a viver segundo o teu propósito.

Em nome de Jesus, amém!

33

Oração e humildade diante de Deus

Humilhem-se diante do Senhor, e ele os exaltará.
Tiago 4:10

A humildade é uma virtude que muitas vezes é mal compreendida em um mundo que valoriza o orgulho e a autopromoção. No entanto, a Palavra de Deus nos ensina que a verdadeira grandeza está em nos colocarmos em posição de humildade diante do Senhor. Quando nos humilhamos, não estamos nos diminuindo, mas reconhecendo nossa total dependência de Deus e a nossa necessidade de sua graça e direção.

Ser humilde diante do Senhor é admitir que não temos todas as respostas, que nossas forças são limitadas e que precisamos dele em cada detalhe da nossa vida. É abrir mão do controle e confiar que ele sabe o que é melhor para nós, mesmo quando não entendemos seus caminhos. E é justamente nesse ato de entrega e reconhecimento que encontramos a verdadeira exaltação. Deus se agrada de corações que se curvam diante dele, e, no tempo certo, ele nos levanta, nos fortalece e nos coloca em lugares que jamais imaginamos.

A promessa de Deus é clara: aqueles que se humilham diante dele serão exaltados. Mas essa exaltação não é necessariamente a fama ou a prosperidade que o mundo oferece. É uma exaltação que vem do céu, uma honra que só o Pai pode conceder — a honra de ser chamado filho, de ser envolvido por seu amor e cuidado.

Hoje, escolha a humildade. Coloque diante de Deus seus medos, suas fraquezas, seus sonhos, e confie que ele sabe exatamente como cuidar de você. Porque quando nos humilhamos diante do Senhor, ele nos ergue com a força e a dignidade que só ele pode oferecer.

Oração para guerrear

Senhor, diante da tua majestade, coloco-me em humildade e reconheço que sem ti nada sou. Despojo-me de todo orgulho e autopromoção, entregando-te minhas fraquezas e limitações. Sei que és a fonte de toda a força e sabedoria, e por isso peço: concede-me a tua direção e graça para que eu possa caminhar segundo a tua vontade. Que toda arrogância em meu coração seja arrancada, e que eu possa depender inteiramente de ti.

Renuncio a toda soberba que tenta se instalar em minha vida. Clamo para que o Senhor me revista com a armadura da humildade, para que eu possa resistir às investidas do inimigo. Que a minha confiança esteja firmada em ti, sabendo que, no teu tempo, serás tu quem me levantará e exaltará, conforme a tua promessa.

Fortalece-me, Senhor, para que eu não tema os desafios e lutas que surgem em meu caminho. Que a tua mão poderosa me guie, e que eu encontre, na minha fraqueza, a força que vem do alto. Exalta-me, não segundo os padrões deste mundo, mas segundo a tua graça e misericórdia, para que o teu nome seja glorificado em minha vida.

Em nome de Jesus, amém!

34

ORANDO PARA RESISTIR ÀS TENTAÇÕES

Vigiem e orem para que não caiam em tentação. O espírito está pronto, mas a carne é fraca.
Mateus 26:41

Essas palavras de Jesus, proferidas no Jardim do Getsêmani, revelam uma profunda compreensão da nossa natureza humana. Ele conhecia a luta interna que enfrentamos diariamente — a batalha constante entre o espírito, que deseja agradar a Deus, e a carne, que cede às fraquezas e tentações do mundo. Jesus não fala com julgamento, mas com compaixão e compreensão da nossa fragilidade.

A recomendação "vigiai e orai" é um lembrete de que a vida cristã exige atenção e intencionalidade. Vigiar significa estar alerta, consciente das armadilhas que podem surgir ao longo do caminho. É reconhecer que, por mais que desejemos fazer o bem, há momentos em que nossas forças falham. Orar, por outro lado, é a maneira pela qual buscamos a força e a orientação que vêm de Deus. É na oração que encontramos a graça para resistir, a sabedoria para discernir e a paz que nos fortalece diante das tentações.

O espírito pode estar pronto, desejoso de seguir a vontade de Deus, mas a realidade da nossa fraqueza nos lembra que não podemos confiar apenas em nossas próprias forças. Precisamos da ajuda constante do Senhor para vencer as batalhas diárias.

Hoje, faça do vigiar e orar uma prática constante. Mantenha seu coração atento e busque a Deus em oração, sabendo que ele é o socorro presente nas horas de tentação. Porque, mesmo quando a carne é fraca, o poder de Deus é sempre suficiente para nos sustentar.

Oração para guerrear

Senhor, reconheço minha fragilidade diante das tentações que surgem a cada dia. Clamo pela tua ajuda para que eu possa vigiar e orar, como Jesus nos ensinou. Sabes que meu espírito deseja agradar-te, mas minha carne é fraca, por isso entrego-te minhas fraquezas, pedindo que me fortaleças com tua graça. Ajuda-me a discernir as armadilhas do inimigo e a resistir às seduções deste mundo, mantendo-me firme em teus caminhos.

Peço-te, Senhor, que coloques em meu coração uma vigilância constante, para que eu esteja atento às situações em que sou mais vulnerável. Que o teu Espírito Santo me guie e me dê sabedoria para tomar decisões que glorifiquem teu nome. Que, em momentos de fraqueza, eu não busque soluções em mim mesmo, mas na tua força, sabendo que tu és fiel para me sustentar.

Que a oração seja meu refúgio, onde encontro socorro e renovação de forças. Mesmo quando a carne falhar, confio que o poder de Deus se manifestará em mim. Fortalece-me, Senhor, para que eu viva em santidade e em constante comunhão Contigo, resistindo às tentações que tentam me afastar de ti.

Em nome de Jesus, amém!

35

Oração em meio à tribulação

Neste mundo vocês terão aflições; contudo, tenham ânimo! Eu venci o mundo.
João 16:33

A vida cristã não é isenta de tribulações. Jesus nos advertiu que, no mundo, teríamos aflições, mas também nos encorajou a ter bom ânimo, pois ele já venceu o mundo. A oração é o meio pelo qual encontramos consolo, força e esperança em meio às tribulações. Quando enfrentamos dificuldades, podemos levar nossas dores e preocupações a Deus em oração, confiando que ele está conosco em cada momento.

A oração não necessariamente remove as tribulações, mas nos fortalece para enfrentá-las com fé e coragem. Jesus prometeu que, apesar das dificuldades, ele já venceu o mundo, e por meio dele, também podemos vencer. A oração nos conecta com o poder de Deus, permitindo-nos enfrentar as tribulações com a confiança de que não estamos sozinhos e que Deus está trabalhando em tudo para o nosso bem.

Hoje, se você está enfrentando tribulações, ore com bom ânimo. Lembre-se de que Jesus já venceu o mundo e que, em meio às dificuldades, você pode encontrar paz e esperança em sua presença. Confie que Deus está ao seu lado e que, no final, você verá a vitória.

Oração para guerrear

Senhor, sei que a vida nem sempre é fácil. Passamos por momentos difíceis e muitas vezes sentimos medo ou tristeza. Mas tu nos disseste que, mesmo neste mundo com aflições, podemos ter bom ânimo, porque tu já venceste. Por isso, venho a ti em oração, confiando que estás comigo em todo tempo.

Quando as dificuldades vierem, ajuda-me a lembrar da tua promessa. Dá-me coragem para seguir em frente, mesmo quando tudo parece difícil. Fortalece meu coração e me dá paz em meio à luta. Que eu nunca esqueça que, com tua ajuda, posso vencer cada batalha.

Peço-te, Senhor, que me ensines a confiar em ti. Que eu saiba que não estou sozinho e que tu estás cuidando de tudo, mesmo quando eu não entendo. Que a oração seja o meu abrigo e a tua presença, a minha força diária.

Hoje eu oro com fé, crendo que tu estás ao meu lado. Mesmo com dor, escolho confiar. Mesmo com lágrimas, escolho esperar em ti. Que tua paz me encha e tua força me levante. E que, no final, eu veja a vitória que vem de ti.

Em nome de Jesus, amém!

36

Oração e crescimento espiritual

Cresçam, porém, na graça e no conhecimento de nosso Senhor e Salvador Jesus Cristo.
2 Pedro 3:18

O crescimento espiritual é um processo contínuo e essencial para a vida cristã. Pedro nos exorta a crescer na graça e no conhecimento de Jesus Cristo. A oração desempenha um papel vital nesse crescimento, pois é por meio dela que cultivamos nosso relacionamento com Deus, recebemos suas instruções e somos transformados pelo poder do Espírito Santo. Quanto mais oramos, mais íntima se torna nossa caminhada com Deus, e mais profundamente entendemos seus planos e propósitos para nossas vidas.

O crescimento espiritual não acontece de forma automática; requer disciplina e dedicação. Quando oramos, pedimos que Deus nos revele mais de si mesmo, nos ensine suas verdades e nos transforme à sua imagem. A oração nos mantém humildes e abertos à correção e ao aprendizado, permitindo que o Espírito Santo nos guie no caminho da maturidade espiritual.

Hoje, ore pedindo a Deus que o ajude a crescer espiritualmente. Peça mais fome pela Palavra, mais discernimento e mais desejo de conhecê-lo. À medida que você buscar a Deus em oração, ele o conduzirá a novos níveis de entendimento e maturidade em sua caminhada cristã.

Oração para guerrear

Senhor, hoje me achego a ti com o coração aberto, desejando conhecer-te mais e crescer na graça e no conhecimento de Jesus. Sinto a necessidade de ser transformado pelo teu Espírito Santo, e peço que despertes em mim um amor cada vez maior pela tua Palavra. Ajuda-me a compreender teus propósitos e a encontrar em ti a direção para minha vida. Que, ao te buscar em oração, eu possa ser tocado pela tua sabedoria e cuidado.

Concede-me a força para não me acomodar, mas sim buscar um relacionamento mais profundo contigo a cada dia. Molda-me conforme a tua vontade, removendo o que não te agrada e fortalecendo minha fé. Que eu não perca a disposição de orar, mesmo nos momentos difíceis, lembrando que é em ti que encontro renovação e paz.

Senhor, desejo que meu relacionamento contigo se torne mais real e sincero, que eu te conheça de maneira mais íntima e verdadeira. Que minha vida seja um reflexo do teu amor, guiando-me em cada passo que dou.

Em nome de Jesus, amém!

37

ORANDO COM A CONFIANÇA DE FILHO

Todos os que são guiados pelo Espírito de Deus são filhos de Deus.
Romanos 8:14

Ser guiado pelo Espírito de Deus é viver um relacionamento de entrega e confiança. É como permitir que um Pai amoroso segure nossa mão e nos conduza, mesmo quando o caminho é incerto ou desconhecido. É um chamado para viver além das nossas próprias limitações, sabendo que há uma direção segura e cheia de propósito quando deixamos que ele nos guie.

Em meio às incertezas e aos desafios da vida, é fácil tentarmos controlar tudo ao nosso redor, buscando respostas rápidas ou soluções imediatas. Mas, ao permitir que o Espírito de Deus nos conduza, encontramos uma paz que transcende as circunstâncias e a segurança de que estamos sendo levados ao lugar certo. Ele não é um guia distante ou indiferente, mas um companheiro presente que se importa com cada detalhe da nossa vida e nos conduz com graça e sabedoria.

Ser filho de Deus é um privilégio inigualável. É reconhecer que não precisamos caminhar sozinhos ou confiar apenas em nossa própria força. É ser envolvido por um amor que nos dá direção, que nos acolhe e que nos revela a beleza de sermos conduzidos por alguém que sabe exatamente o que é melhor para nós.

Oração para guerrear

Pai amado, entrego minha vida em tuas mãos, sabendo que o teu Espírito é o guia perfeito para cada passo que dou. Em meio às incertezas e desafios, reconheço que minha força é limitada e que preciso da tua direção. Segura a minha mão, Senhor, e conduz-me pelo caminho que preparaste, mesmo quando não entendo ou não vejo o que está à frente. Confio que, ao teu lado, estou seguro e que jamais estarei sozinho.

Ajuda-me a abrir mão do controle e a confiar plenamente em ti, sabendo que o teu amor cuida de cada detalhe da minha vida. Quando as dúvidas e medos surgirem, que eu possa sentir a tua presença, lembrando que és um Pai que não se afasta e que sempre deseja o melhor para mim. Dá-me a paz que vem do teu Espírito e que supera todas as circunstâncias.

Senhor, ensina-me a ser filho e a descansar no teu cuidado. Que eu jamais me esqueça do privilégio de ser guiado por ti, que conhece o melhor caminho para minha vida. Guia-me com tua graça e sabedoria, e faz-me viver de acordo com o teu propósito.

Em nome de Jesus, amém!

38

Oração e agradecimento pelas bênçãos recebidas

Bendiga o Senhor a minha alma! Não esqueça nenhuma de suas bênçãos!
Salmos 103:2

Há algo de profundamente belo e necessário no ato de lembrar e agradecer. O salmista nos convida a um momento de pausa, um convite para que nossa alma se volte para Deus com gratidão, reconhecendo os inúmeros benefícios que ele nos concede diariamente. Muitas vezes, em meio à correria e aos desafios, podemos nos esquecer das bênçãos que recebemos — os momentos de alegria, a força em meio às lutas, a paz que acalma o coração e o amor que nos sustenta.

A gratidão é um exercício que eleva o espírito e nos conecta à bondade do Pai. Ao bendizer o Senhor, nossa alma é lembrada de que cada detalhe, cada dádiva, faz parte do cuidado de um Deus que nos ama com um amor infinito e incondicional. E mesmo nos dias difíceis, quando as circunstâncias parecem pesar, há sempre um motivo para agradecer, pois Deus nunca deixa de ser bom.

Quando somos gratos, não apenas reconhecemos o que Deus fez, mas também reforçamos a fé no que ele ainda fará. É um ato de adoração que transforma o coração, que nos faz enxergar a vida com olhos de esperança e alegria.

Que hoje você permita que sua alma se encha de gratidão, lembrando-se de todos os benefícios do Senhor. Ao bendizê-lo, você descobrirá que a verdadeira alegria nasce de um coração que nunca esquece o quão abençoado é.

Oração para guerrear

Senhor, hoje minha alma se volta a ti com gratidão. Agradeço por cada bênção que recebo, pelos momentos de alegria, pela força nos dias difíceis e pela paz que preenche meu coração. Sei que cada detalhe da minha vida é cuidado por ti, e reconheço que nada seria possível sem o teu amor e a tua graça. Que eu jamais me esqueça de teus benefícios e do quanto és bom para comigo.

Mesmo quando as circunstâncias são desafiadoras, sei que o teu amor nunca falha e que sempre há motivos para agradecer. Ajuda-me a enxergar cada dia com os olhos de gratidão, lembrando que, em todas as situações, tu estás presente, sustentando-me e guiando-me com tua mão poderosa. Que minha vida seja uma constante canção de louvor ao teu nome.

Obrigado, Senhor, por teu cuidado, por tua bondade e por todas as bênçãos, grandes e pequenas, que recebo. Que meu coração transborde em gratidão, e que, ao te bendizer, eu possa espalhar a alegria e a esperança que vêm de ti.

Em nome de Jesus, amém!

39

Orando por sabedoria em relacionamentos

Sejam todos prontos para ouvir, tardios para falar e tardios para irar-se.
Tiago 1:19

Em um mundo onde somos bombardeados por vozes, opiniões e estímulos, a sabedoria do versículo de Tiago se torna um convite à reflexão. Ser "pronto para ouvir" exige de nós uma postura de humildade e paciência, reconhecendo que ouvir o outro é mais do que simplesmente esperar a nossa vez de falar. É um ato de amor e respeito, uma forma de valorizar a história, a dor e as alegrias do próximo.

Ser "tardio para falar" é um desafio que vai contra nossa tendência natural de querer ter a última palavra, de tentar provar que estamos certos ou de reagir impulsivamente. Tiago nos ensina que, muitas vezes, o silêncio é mais poderoso que a resposta rápida, e que o falar com sabedoria é fruto de um coração que primeiro aprendeu a escutar.

E, por fim, ser "tardio para se irar" é um lembrete de que a raiva, embora humana, não deve dominar nossas atitudes. Ela pode obscurecer nossa visão, fazendo-nos agir de forma que fere a nós mesmos e aos outros. Quando escolhemos ser lentos para a ira, damos espaço para que a paz e a misericórdia de Deus se manifestem em nossas relações.

Que possamos, em nosso dia a dia, escolher ser mais prontos para ouvir, mais lentos para falar e mais resistentes à ira, permitindo que a graça de Deus guie nossas palavras e atitudes. Assim, experimentaremos a verdadeira essência do amor e da compreensão.

Oração para guerrear

Senhor, peço-te que me concedas sabedoria em meus relacionamentos. Ajuda-me a ser pronto para ouvir, a abrir meu coração para entender os que estão ao meu redor e a valorizar suas histórias e sentimentos. Que eu possa demonstrar respeito e amor através da escuta atenta, deixando de lado minha pressa em responder. Ensina-me a falar com graça e paciência, escolhendo palavras que edifiquem, ao invés de reagir impulsivamente.

Dá-me, Senhor, a humildade de reconhecer que não preciso ter sempre a última palavra, e que, muitas vezes, o silêncio é a resposta mais sábia. Ajuda-me a controlar minha ira, a não permitir que a raiva me domine e que minhas atitudes sejam sempre guiadas por tua paz e misericórdia. Que o meu temperamento seja moldado por teu Espírito, refletindo a paciência e a compaixão de Cristo.

Que eu possa, em todos os meus relacionamentos, ser um instrumento de tua graça, levando compreensão, amor e harmonia. Que, ao seguir os princípios de Tiago, eu aprenda a amar como tu amas e a viver em paz com aqueles que me cercam.

Em nome de Jesus, amém!

40

Oração para ser um guerreiro de oração

A oração de um justo é poderosa e eficaz.
Tiago 5:16

A oração é um encontro íntimo com Deus, um momento em que abrimos nosso coração e colocamos diante dele nossas dores, desejos e esperanças. Tiago nos lembra que a oração de uma pessoa justa — alguém que busca caminhar com sinceridade e verdade diante do Senhor — tem um impacto poderoso. Não porque somos perfeitos, mas porque nos voltamos a um Deus que é perfeito em amor e graça.

Orar não é apenas falar com Deus, é confiar que ele ouve, se importa e responde. Muitas vezes, podemos nos sentir pequenos ou inadequados, achando que nossas palavras não farão diferença. Mas a oração do justo, mesmo que seja sussurrada em um momento de desespero, carrega um poder capaz de transformar realidades, trazer cura, esperança e renovar nossa fé.

É uma conversa com o Pai, um lugar onde nossas fraquezas encontram a força dele e onde nossas incertezas se transformam em confiança. Não se trata de palavras elaboradas ou discursos longos; o que realmente importa é o coração que se rende, que acredita e que se entrega à vontade de Deus.

Hoje, permita-se acreditar que sua oração tem valor. Fale com Deus com simplicidade e verdade, e saiba que, mesmo nas situações mais difíceis, Ele está ouvindo e trabalhando em seu favor.

Oração para guerrear

Senhor, hoje me coloco diante de ti como um guerreiro de oração, reconhecendo que minha força vem de estar na tua presença. Ajuda-me a orar com sinceridade e fé, sabendo que cada palavra que elevo a ti é ouvida e tem um impacto poderoso. Dá-me a coragem de buscar-te em cada momento, nas alegrias e nas dificuldades, e a confiança de que tu és um Deus que responde e age em meu favor.

Ensina-me a orar não apenas por mim, mas também pelos que estão ao meu redor. Que eu possa ser um intercessor, levando diante de ti as necessidades, dores e esperanças daqueles que precisam de tua intervenção. Que minha oração seja um instrumento de tua graça, capaz de trazer cura, conforto e transformação.

Fortalece meu coração para persistir na oração, mesmo quando os resultados não forem imediatos. Ajuda-me a entender que o verdadeiro poder da oração está em me render à tua vontade e confiar que teus planos são sempre melhores. Que eu seja um guerreiro que não desiste, que luta de joelhos, e que, em cada oração, veja tua mão poderosa agindo.

Em nome de Jesus, amém!